职业教育质量保障体系建设路径研究

杨秀英　邱敏蓉　刘金华 ◎ 著

吉林出版集团股份有限公司

版权所有　侵权必究

图书在版编目（CIP）数据

职业教育质量保障体系建设路径研究 / 杨秀英，邱敏蓉，刘金华著. — 长春：吉林出版集团股份有限公司，2023.10

ISBN 978-7-5731-4384-6

Ⅰ. ①职… Ⅱ. ①杨… ②邱… ③刘… Ⅲ. ①职业教育－教育质量－保障体系－研究－中国 Ⅳ. ①G719.2

中国国家版本馆 CIP 数据核字（2023）第 191521 号

职业教育质量保障体系建设路径研究
ZHIYE JIAOYU ZHILIANG BAOZHANG TIXI JIANSHE LUJING YANJIU

著　　　者	杨秀英　邱敏蓉　刘金华
出版策划	崔文辉
责任编辑	侯　帅
封面设计	文　一
出　　版	吉林出版集团股份有限公司
	（长春市福祉大路 5788 号，邮政编码：130118）
发　　行	吉林出版集团译文图书经营有限公司
	（http://shop34896900.taobao.com）
电　　话	总编办：0431-81629909　营销部：0431-81629880/81629900
印　　刷	廊坊市广阳区九洲印刷厂
开　　本	787mm×1092mm　1/16
字　　数	220 千字
印　　张	13
版　　次	2023 年 10 月第 1 版
印　　次	2024 年 1 月第 1 次印刷
书　　号	ISBN 978-7-5731-4384-6
定　　价	78.00 元

如发现印装质量问题，影响阅读，请与印刷厂联系调换。电话 0316-2803040

前　言

全面提升高等职业教育质量，可以促进区域经济发展、扩大就业、改善民生等问题，可以更好地满足区域经济对高素质劳动者和技能型人才的需要，也可以增强高等职业教育的吸引力以及改变对高等职业教育内涵的认知。因此，对我国职业教育质量保障体系进行研究，是提升我国高等职业教育质量的内在要求和高等职业教育发展的必由之路，同时也是全面评估教学工作、诊断与更正教学过程偏差等活动的必要措施，对促进教学改革工作并最终实现我国高等职业教育质量全面、可持续发展具有重要意义。

鉴于此，笔者以海南高等职业教育为代表，针对其多年的发展历程，探究职业教育在不同地区的发展中存在的共性问题。

全书在内容编排上共设置五章，分别是：职业教育质量与发展对策、职业教育质量保障体系与体制改革、职业教育质量保障体系运行机制、职业教育人才培养及模式创新、职业教育质量保障体系建设的路径。

笔者在撰写本书的过程中，查阅了大量文献材料，在此向各位学者表达由衷的谢意。因笔者水平有限，以及样本选取等原因，导致书稿中的资料和法论不够全面、翔实之处，恳请广大读者提出宝贵意见。

目　录

第一章　职业教育质量与发展对策 ………………………………………… 1

　　第一节　职业教育的质量观 ……………………………………………… 1
　　第二节　职业教育质量管理方法与质量评价 …………………………… 9
　　第三节　海南职业教育发展的对策与建议 ……………………………… 17

第二章　职业教育质量保障体系与体制改革 ……………………………… 28

　　第一节　职业教育质量评价与保障体系 ………………………………… 28
　　第二节　海南教育体制改革与创新研究 ………………………………… 53

第三章　职业教育质量保障体系运行机制 ………………………………… 57

　　第一节　职业教育外部质量保障体系建设 ……………………………… 57
　　第二节　职业教育质量保障与评价体系运行机制 ……………………… 66
　　第三节　现代远程高等教育质量保障体系构成要素与运行机制 ……… 72
　　第四节　从制度和操作层面构建高等教育质量保障体系 ……………… 79
　　第五节　海南民办高职院校非物质激励机制的实践研究 ……………… 84

第四章　职业教育人才培养及模式创新 …………………………………… 91

　　第一节　人才培养及其模式构建 ………………………………………… 91
　　第二节　人才培养的全面质量管理及其方法 …………………………… 122
　　第三节　校企"双主体"人才培养模式的实践思考 …………………… 169
　　第四节　海南职业教育人才培养模式的创新研究 ……………………… 174

第五章　职业教育质量保障体系建设的路径 ……………………………… 180

　　第一节　职业教育质量保障体系建设的顶层设计 ……………………… 180
　　第二节　职业教育质量保障体系的课程建设与教学 …………………… 182
　　第三节　职业教育质量保障体系的教师队伍建设 ……………………… 190

第四节 职业教育质量保障体系的可持续发展路径 197

参考文献 200

第一章 职业教育质量与发展对策

第一节 职业教育的质量观

一、职业教育质量标准

教育质量标准既是人才培养设计的出发点,也是质量监控和评价的落脚点,质量保障机制的实施有赖于质量标准体系的指导,对质量的管理、监控和评价亦需要通过质量标准体系进行,否则保障机制就没有根基,容易偏离方向。因此,制定体现职业教育特征的质量标准,是建立和完善职业教育质量的保障体系,是使职业教育规范化发展的一项基础工作。

(一)制定职业教育质量标准的原则

第一,以就业为导向。职业教育是以社会所需要的职业、技能作为主要的培养和训练目标。职业教育活动建立在学生将来就业的基础上,如果所培养的职业者的职业、技能在社会中没有实践的可能,那么,职业教育活动是毫无意义的。由此可见,职业教育活动以就业为导向是职业教育的基本前提。因此,是否具有较强的就业能力或是否很好地适应市场需要是衡量职业教育质量的重要指标。

第二,以综合职业能力培养为核心。综合职业能力是指一切与职业直接相关的科学文化知识、职业技能和适应职业变化的能力,是职业活动得以进行的基本条件。培养具有过硬的综合职业素质和能力的职业者，是职业教育的基本任务和责任。职业教育的教学模式是以能力培养为中心的教学模式，培养目标强调对学生从事现代职业的综合能力和素质的培养，包括专业知识技能、正确的行为方式、对工作和企业的责任心、遵守纪律的品质和质量意识，以及通过职业能力储备来适应未来社会、经济、技术的变化的能力。因此，职业教育质量标准也应以综合职业能力培养为核心来制定。

第三，以最大限度满足社会需求为目标。职业教育作为现代国民教育体系的重要组成部分，承担着为社会培养高素质劳动者的任务。劳动者的技能和素质，往往决定着产品的质量和竞争力，决定着企业的兴衰，大量具有熟练职业技能和良好职业道德的劳动者正是企业之竞争力的基础。因此，发展职业教育，培养和造就大量的训练有素的职业人才和高素质的劳动者，是关系我国经济结构战略性调整和国家竞争力的事。由此可见，培养的学生是否满足社会需求，是否具有较高的社会满意度，应成为评价职业教育质量好坏的标准。由于教育服务与其他有形产品的区别在于其功能的多元性，从而使教育产品的功能具有更加复杂的特点。教育的基本功能是培养人，促进人的自身发展；此外它还有政治功能、经济功能、文化功能等，这就决定了其质量目标和质量标准的复杂性。如果一所学校培养的学生能够适应高层次技术岗位的需要，并深受社会欢迎，那么这所学校是高质量的；另一所学校培养的学生能适应低层次技术岗位的需要，同样也深受社会欢迎，则这所学校的教育也是高质量的。所以，职业教育服务的质量应以市场标准取向为主，即以满足市场需求、适应市场变化的能力为评价标准，如招生报到率、就业率、社会评价程度、顾客满意程度（用人单位、毕业生、主办部门等）等都可作为评价指标。

（二）职业教育质量标准的内容

职业教育质量标准可分为两个方面：①人才培养的质量标准，它规定了对培养对象的具体质量要求，包括知识、能力、素质三大要素；②职业教育服务的质量标准，它包括对整个教育服务过程中诸多环节的质量标准。

职业教育的主要方面为人才培养的质量标准。人才培养的质量标准的内涵包括知识、能力、素质三大要素。

第一，知识要素包括文化基础知识、现代科技知识、专业基础知识、专业知识和专业相关知识。职业教育的知识体系与普通高等教育是有着根本区别的，其知识理论主要针对特定的职业岗位或职业岗位群，掌握知识理论的目的全在于应用，其取舍也决定于个体实践的实际需要，而不像学科教育那样讲究学科体系的系统性和完整性。其知识的组织与编排应以职业岗位所需要的能力为目标，以形成必要的知识体系。

第二，能力是在掌握了一定知识的基础上，经过培养训练和主体自身的实践而形成的。适应社会经济活动所需要的能力应包括通用能力和职业能力。职业教育的特点，决定了其人才培养目标和质量标准与普通高校有所不同，它更注重将人才培养过程与社会生产实践相结合，强调对综合职业能力的培养、对职业岗位的针对性教育以及技术行为的规范训练等。

第三，素质则是指知识和能力以外，支持一个人从事社会活动所必须具备的非智力因素，它是人才应当具备的个性心理与人格品质。素质要素可分解为：政治思想素质、文化素质、职业素质、身体素质、心理素质等。

总而言之，人才培养的质量标准应规定以上三方面相应的要求。其中体现职业教育特征的人才培养质量标准中的核心特性是综合职业能力，如何衡量综合职业能力的程度，是近年来人才培养质量标准研究中的难点。

（三）职业教育服务的具体质量标准

职业教育服务质量是指学校教育服务的固有特性，满足社会和学生要求的程度，这些要求包括社会（国家、用人单位等）对人才的要求、学生身心发展以及就业的要求等。具体而言，学校教育服务的质量如何，主要看学校向学生提供的教育设施、设备和环境，能否保证按照社会需求满足学生获得合格的知识、信息、技能和方法的需要，能否保证学生提高全面素质和就业能力。职业教育服务质量标准的组成部分包括：教育管理质量标准、教育过程质量标准、教育服务效果的标准等方面。

教育管理质量标准是一种工作质量标准，即对教育、教学和服务中需要协调统一的工作事项所制定的标准,是教职工的行为准则和工作质量的依据。它的对象是教职工的工作、操作或是服务程序和方法,具体包括岗位职责、工作程序、工作内容与要求、工作质量考核等方面的标准。教育过程质量标准也可称为教学质量标准,它是对教育、教学过程进行规范的一种标准。由于职业教育的人才培养质量与专业教学质量密切相关,因此,专业教学质量标准就成为教育过程质量标准的核心部分。

教育服务效果的标准即顾客和社会满意度,代表了职业教育服务对象对职业教育的整体评价。其标准内容主要体现在：①职业院校的学生受社会欢迎的程度,如毕业生就业率、用人单位满意程度等；②职业院校在地方经济发展中所占地位和社会信誉程度,如每年招生数与报名数的比率、新生报到率等；职业院校毕业生工作以后对学校的评价；在校学生与家长的满意程度；学校教育符合国家要求的程度,如主管部门对学校的办学水平评价等。

二、职业教育质量观的目标体系

（一）职业教育质量观的目标具有职业性与技术应性

对于职业教育而言,其教育质量目标体现了职业教育的基本特征——职业性和技术应用性。具体而言,职业教育在满足个人发展需求方面追求的是最大限度地满足学生求技（能）、求职（业）和全面素质发展的需要。在满足社会发展需求方面追求的是最大限度地满足社会（用人单位）对技术应用型人才的需要。总而言之,职业教育的教育质量目标是最大限度地满足社会和市场需求,为社会培养技术应用型人才,使受教育者学有所成,充分就业。

质量目标在学校内部教育质量保障中具有确定预期的结果、增强学校凝聚力、激发教职工积极性和提高工作效率的作用。所以,对于职业教育院校而言,确立自己的质量目标是实施质量保障的前提。根据目前我国经济的发展状况和职业教育的特点,确立职业教育质量目标至少应有明确的内容包括：①职业教育培养怎样的人，即职业教育的培养目标是哪些；②职业教育如何培养人，即职业教育的教学模式应有怎样的特点；③职业教育培养的人怎么样，即社会对职业教育的整体满意度如何。

（二）职业教育质量观由多层次、多方面的目标构成

由于职业教育在我国是一个自成体系的教育类型，所以根据其办学层次和培养目标的不同，其质量目标也必然存在差异。从内涵上来看，职业教育质量目标不仅包括人才培养的总体质量目标，同时也包括对职业教育者的管理质量目标和针对不同层次、不同专业制定的专业教学质量目标。从形式上看，质量目标包括不同的类别和层次——从学校目标到部门目标再到个人目标，从远期目标到中期目标再到近期目标。所以，职业教育质量目标实际上是一个目标体系。

第一，职业教育教学质量目标是通过以学生达到职业岗位能力要求为基本目的的专业教学质量目标来反映的。它主要包括三方面的内容：①学生掌握职业技能知识的程度；②学生自身综合素质提高的程度；③学生职业能力提高的程度。所以，专业教学质量目标可以分解成职业技能知识掌握目标、综合素质培养质量目标和职业能力培养质量目标三部分。

第二，教育管理质量目标主要是指学校各职能管理部门在保证教学质量方面所追求的目的，它是通过各部门的管理质量目标来实现的。

第三，学校社会服务质量目标反映了社会对职业教育整体教育教学质量的满意程度。由于职业教育是直接针对就业市场的一种教育，因此，社会对职业院校毕业生的态度如何，是评价和衡量一所职业院校教育质量优劣程度的重要指标。

三、职业技术教育质量观

"质量是职业教育的生命线，新发展格局下，国家制定了职业教育质量政策以推动职业教育高质量发展"。教育质量观念是人们对教育质量本质的认识，它是指用怎样的标准来评价学生的质量和教育效果，教育质量观念

对于教育如何培养满足社会需求、与社会相适应的人才起着重要的导向作用。教育是培养人的活动,其质量特性不仅包括活动的结果,而且包括活动的过程。由于社会对人的需求具有多样性,且随着时代的发展而变化,因此,职业技术教育质量观也应随着时代和教育实践的变化而相应地变化。同时,不同层次、不同类别的人才培养,其模式与方法不尽一致,甚至大相径庭,其质量要求和内涵也有明显差异。职业技术教育是培养应用型人才的教育,在人才培养目标、方式等方面都有别于普通教育。职业技术教育质量观的特征具体表现内容如下:

(一)多元化的质量观

20世纪90年代以来,我国职业技术教育结构发生了巨大的变化,其主要表现是中等职业教育经重新调整与组合后规模缩小;高等职业教育迅速发展,成为职业教育的重要力量和高等教育大众化的主力军。高等职业教育的发展以及我国高等教育大众化的趋势,使我国教育呈现出与世界教育发展相同的多样化特征。

针对高等教育的多样化,教育界提出了"质量多元化"的观点。高等教育质量是一个多层面的概念,其应考虑多样性和避免由一个统一的标准来衡量高等教育质量。高等教育的大众化必然伴随着高等教育结构的多样化、多层次化。高等教育的多样化、多层次化又必然会带来教育水平的多样性。质量也是有层次的,不同层次的高等学校应该有不同的质量标准,且不同类型的学校也应有不同的质量要求。高等教育大众化的发展前提是多样化,多样化的高等教育要有多样化的培养目标和规格,从而也应当有多样化的教育质量标准。因此,不同的学校应有不同的人才质量标准。现代教育的质量观应是一个动态的、分层次的,而我们对于不同类型学校的质量标准也应有所区别。保证教育质量是指确保不同水平、不同类型的学校应有的质量要求。

多元化的教育质量观有两方面的含义:第一,对不同类别的教育,应根据其特点采用不同的质量标准,如按学术研究型、理论研究型、职业技能型等区别不同的教育类型,使质量评价更好地反映和适应社会对不同层次人才的要求，职业教育应有区别于普通教育的质量标准；第二，不同层次、不同对象的教育应有不同的质量标准，即在职业教育中针对不同的对象采用不同的质量标准——综合多重质量标准。如社会标准，考虑社会对人才的要求与定位，评判人才对社会的适应性；专业标准，考虑不同专业对人才的培养目标及能力要求；课程标准，考虑不同课程对学生的知识结构与能力结构的要求等。以高等职业教育为例，按照多元化的教育质量观就不能模仿和照搬普通高等教育的办学模式，而应该突出其面向社会、面向企业、面向学生以及强调多元教育主体共同参与的特色，其办学思想应该贴近生产实践，直接为生产第一线输送人才，其质量观与评价标准应能直接反映人才培养目标及课程体系等与社会生产的相关性、学习内容的实用性及相应的实践动手能力，从而着重满足知识经济社会对各种具有职业资格和职业能力的应用型人才的需求。

（二）发展性的质量观

第一，在知识经济时代，知识创新日益普及，社会成员的竞争及发展优势一般取决于知识应用能力、持续创新能力、终身学习能力及个人的综合智能，即知识、创新、学习、人的综合素质成为成功的关键因素，尤其是位于生产、管理、服务一线的技术应用型人才更是要求具有岗位的适应和发展能力。因此，传统的以获得知识的多少与深浅为质量标准的质量观已不合时宜了，应将其转变为关注人才的综合素质和全面发展的质量观。

第二，现代社会知识更新加快、技术的高速成长以及产业结构、岗位要求的快速变化，决定了职业教育质量观应是不断发展和变化的。各个层次的职业技术教育应紧跟时代的发展节奏，针对社会的需求，不断地调整教育的质量标准和内容。实践表明，只有通过发展的质量标准来评价人才的培养质量，才能真正体现人才的质量价值。

（三）开放性的质量观

经济全球化的发展推动了人才、资金、知识、技术等生产要素在全世界范围内流动，并由此产生了世界范围的经济的合作与竞争。经济全球化带来了教育国际化，使职业教育与社会的联系更加紧密，要求我们重新审视人才培养的目标和质量标准，树立开放的、与国际接轨的、与社会经济密切相关的质量观念。

开放的教育质量观有助于人们主动参与国际教育竞争，使人才的质量标准与国际接轨。例如，在职业教育中引入职业资格证书制度，使职业资格证书与学历证书相互沟通，就是参照国际社会的通行做法，在促使人才就业市场与国际的融合、提高人才在国际市场中的竞争能力方面做出巨大贡献。

开放的质量观决定了教育质量保障体系的开放性，其表现为：对教育质量的认识和评价不仅依据学科发展的内在逻辑与相关性，还更加重视社会及用人单位对人才知识、技能、素质等方面的要求；不仅重视学校内部的质量控制，也重视国家、社会对教育质量的外部评估。引入现代企业管理的理念和质量保障模式，使教育质量管理更加具有科学性、系统性和规范性。

（四）基于"服务"理念的质量观

职业技术教育是最贴近经济建设和社会岗位的一类教育，其特征可以概括为：以市场为中心，以就业为导向，产学研相结合。以市场为中心是指职业技术教育必须围绕市场的需要设计和开办专业，市场需要怎样的人才就培养怎样的人才；以就业为导向是要求职业技术教育必须保证满足毕业生就业市场的需要，保证学生学到知识和技能，保证学生能够充分就业；产学研相结合是前两个特征所决定的教学模式上的特点。以市场为中心，以就业为导向，产学研相结合的特征决定了职业技术教育是以"服务"为宗旨的教育。职业技术教育服务社会、服务市场、服务学生。所以，职业教育质量观是基于"服务"理念的质量观，职业教育质量取决于职教院校的服务水平和效益，取决于职教院校的服务满足社会和学生需求的程度。

教育服务的职业教育质量理念，对保证和提高教育活动质量都是非常重要的。教育的服务功能，指出教师应当和学生建立平等互动的关系，在引导的同时了解学生的需求，全心全意为学生服务，让学生满意，让家长满意，让社会满意。如此就保证了教育质量，这也是教育服务观念的积极意义所在。因此，在构建高职教育质量保障体系时，必须体现教育服务的观念。

第二节　职业教育质量管理方法与质量评价

一、职业教育质量管理的过程方法

ISO9000：2000 质量管理体系标准的质量管理共有八项原则，过程方法就是其中之一，指的是把活动与有关资源当成过程来管理的办法。此处，"过程"指的是将资源转化为成果，从输入到输出的相互影响的活动。产品则是"过程的成效与结果"。譬如，学校为了提升学生的文化素养、知识能力，给学生提供方法、知识和相关信息的活动。活动要将资源投入和输入，进而产生对应的输出和成效，就是让学生的能力素质和知识得以提升来满足社会服务需求。

所以，对学校来说，"产品"是借助教育资源的使用，将输入的教育资源转化为教育作用的结果。"过程"的要素分成三大部分，即输入、活动以及输出。组织运行靠的是多个互相影响、互相作用的过程。大过程分为诸多小过程，小过程组合成为大过程，多个大过程又能组成更大的过程。前面过程的结果作为后面过程的输入，进而组成过程链条，这些过程包括横向过程和纵向过程，横向过程，如基础课程到专业课程，纵向课程如由学院到教研室到教室。如此一来，所有纵横相交、互相作用的过程形成的网络结构，就叫作"过程网络"。

总的来说，过程方法本质上就是针对过程网络的管理方式，它要求对所有必须过程做有效系统的识别管理，尤其是互相影响、相互作用的过程以及用来连接多个过程的接口，并对过程组织与管理予以强化。要想保障输出的"产品"质量，就要保障好每个小过程的输出质量。过程方法是现代质量管理的方法也是有效原则。将该方法使用到学校教育质量管理中，能把所有教育活动以及相关资源都当成过程来管理，把教育管理方式、教育资源投入、教学评价方法以及改进活动都相互结合，进而高效利用资源，实现组织管理和教育的高效。

（一）教育服务过程方法的具体分析

学校的过程就是教育服务过程，这个过程具有上述"过程"概念所包含的特点。我们可以从以下两方面对学校教育服务过程进行简要分析。

1. 从学校教育服务的内容来看

学校的过程包括了教学、教育、服务以及管理四项内容，教学过程指的是给学生传授知识与技能的整个教育全程，涵盖了很多活动，例如教学计划、课程设计、教师备课、课堂讲授、课后辅导、考试等活动。教育过程指的是专业教育的品德教育、思想教育、时事政策教育、心理健康教育和国防教育等所有教育活动过程，形式较为多样，涵盖了文艺体育活动、社会实践活动、社团活动和第二课堂活动等形式。管理过程指的是将学生作为主体的管理活动过程，涵盖了生活管理、日常管理以及学籍管理等。然而，管理过程与教育活动具有诸多关联性，要格外注意，它们在有些时候是不可切割的。服务过程指的是针对学生的生活服务、学习服务以及学校各学院各部门提供的服务活动过程。教学、服务、教育和管理过程组成了系统的服务过程，他们互相影响、相互作用、牵一发而动全身，不论哪个出现问题都会影响整体结果。

2. 从学校教育质量的形成来看

过程教育质量与企业的服务质量和产品质量相同，从产生到形成再到发展是完整的过程，从制定培养目标开始，制订计划，制定课程体系，设置课程内容，到执行课程计划，实施理论课程和实践课程，再到检查考核教学成果，得到最终反馈，这些过程组成了完整西戎的教育服务系统，教育质量就从中产生。教育服务过程的教育目标也就是将人的能力和素质作为重点，形成循环链条，前面过程的成果决定着后面过程的质量。就系统来讲，教育服务过程是网状的。有可能多个前面过程结果都是后面过程的输入，例如中文、专业理论、基础英语以及专业技能等都是专业英语的输入。前面同一个过程的输出或许为后面多个过程形成输入，例如教育计划为课程设计形成输入，也为设备采购、教材编写采购形成输入，还为课堂教学以及教学评价形成输入。在这个网状中，但凡有一个节点有所变化，都能让整个网状发生改变。

（二）职业教育质量管理中运用过程方法的注意事项

过程方法将系统理论作为指导，将顾客也就是学生和社会作为主体，将资源和各种形式的活动当成过程来管理，通过管理手段使得其得以升值。在教育质量管理过程中使用过程方法要注意下面的几点：

其一，系统识别学校的应用过程，也就是从全局视角做可能性考虑。通常来说，所有将输入转化为输出的活动都是过程。因此，要按照教学管理的特征来准确识别哪些活动属于过程；要想实现既定目标，那些活动是必不可少的。譬如，上面提到的教学、服务、教育和管理都是教育服务过程中必不可少的四个过程，它们决定着市场研究、课程设计、教学计划和教学实施等活动。只有把握住上述活动，才能知道教学质量管理中哪些是重要的。与此同时，只有先确定好权限和指责，在关键活动中加以管理和着重强化，才能保障过程质量。

其二，精准识别所有过程，其涵盖了过程的输入、活动、输出和相关资源。借助识别来准确知道过程的目标、流程、以及前提条件等，在此基础上考虑细致的要求，包括过程的测量和管理方式、资源的投入和选择、质量提升以及后续的条件等。特别是活动的相关资源，是识别的重点。很多时候都是资源影响使得教育质量出现问题。譬如，教师的水平和数量、教学设别的先进性和完善性，人才信息的时效性和全面性等。如果资源管理跟不上，势必会影响教育质量，还会增加教育成本以及管理成本，形成资源浪费。所以，只有将每个过程的资源都当作管理对象，才能实现过程的升值。

其三，关联识别过程间的关系，也就是明确认识各个过程之间的关系，明确前后影响，事实上正是搭建网状结构的过程。一般，学校对按照教育的每个阶段依据特点设置不同的部门，例如教学部门、教务部门、招生就业指导部门、后勤部门、学工部门等。这些部门的职能有可能只涉及一个过程，也有可能涉及多个过程。所以，要精准识别相互关系，明确过程接口，才能让所有过程都被教育服务系统覆盖，使其更加高效利用资源、减少资源浪费，降低教育成本，提升教育成果。

其四，管理过程间的相互作用，涵盖了对过程活动的权限与职责的确定，还有过程中的相互沟通和管理过程中的相关资源。正常来说，过程会升值，也就是输出比输入要大。"活动"从本质上来说就是资源的转化，对输出起着推动作用，所以要加以管控使得活动按照预期进行。此外，过程的输出既和活动本身有关，也与输入的有关过程息息相关。例如某门课程的教育成效既和课程教育相关，也离不开教学计划和先行课程等因素；让任何教育活动的效果随着教育条件和教育环境的变化而变化。所以，必须明确活动的权限和职责，掌握过程间的要求与沟通方式。因为过程方法更注重过程间的关联，尤其是相互影响的过程，所以更有助于减少阻碍，保障质量管理过程中各个过程与活动的协调性和整体性，从而形成有机统一的整体，实现预期目标。

二、职业教育质量管理的质量评价

教育质量评价是教育质量监控的重要环节和手段，可为了解和调控教育教学过程、掌握教育教学效果提供信息，因此，我们将教育质量评价作为质量监控与评价体系的重点来进行分析。

（一）职业教育质量管理的质量评价基本原则

职业教育质量管理的质量评价应遵循以下基本原则：

第一，外部评价和内部评价相结合的原则。职业教育的核心是满足社会所需技能，只有学校内部评价，无法完成能力反映，还要将社会反馈纳入其中。因此，要完成教育质量评价必须将学校外部评价和内部评价结合。外部评价的主体可以是用人单位、上级单位，也可以是合作单位等，也可以是社会专业评价机构等。

第二，总结性评价和形成性评价相结合的原则。总结性评价重在实现目标价值的程度和效果评价，形成性评价注重强调教育过程质量。在职业教育评价过程中，要将二者有机结合，并侧重形成性评价。借助形成性评价修正和完善教育过程，从而持续改进教学质量。

第三，综合评价和单项评价相结合的原则。职业教育注重全面素质与职业技能的培训，重点在于全面、系统地对教育成果予以评价。在评价过程中，不光要对理论知识掌握到位，还要熟悉专业技能；不光要对专业能力进行评价，也要对关键能力进行评价，还要对除此之外的身心素质、职业素质以及思想道德水平等综合素质进行评价，推动学生全面发展；不光要对学习成效进行评价，也要对教育过程进行评价。

第四，理论教学和实践教学并重的原则。高等职业教育对人才的定位是既要有一定的理论知识，还要有技术应用的能力和实践能力，因此教育教学质量的评价不仅要评价理论教学质量，还要评价实践教学质量，即理论教学和实践教学并重。

第五，科学性与可操作性相结合的原则。职业技术教育的质量评价既要反映和遵循职业技术教育的规律，又要易于实际操作，例如，在评价方案中各个指标定义准确不产生歧义；所确定并采用的评价指标能方便地获得量化数据；取得的数据便于处理，如录入、保存等；计算公式简单，易于得出结论等。

（二）职业教育质量管理的质量评价目的及类型

职业教育质量管理的教育质量评价的目的一般可分为两类：①通过评价改进教育活动的质量；②通过评价对教育效果作出判断，从而区分优劣。在职业技术教育中，两种目的的评价都是必需的。在当前职业教育特别是高等职业教育快速、大规模发展的时期，探索人才培养的规律成为重要任务，而且尤其需要通过质量评价来指导和促进教育、教学改革。职业教育面向就业市场，虽然不像中小学那样具有选择功能，但是教育的结果涉及能否满足社会需要、能否适应职业岗位的要求，成为学校具有市场竞争力的有力证据。因此，以判断教育效果作为目标的评价更是不可缺少的内容。

从目的角度来说，教育质量评价包括总结性评价和形成性评价两种。总结性评价重在对目的成效的评价，是对教育活动产生后既定目标的完成情况做评定考核。形成性评价可以对教育活动起到修正作用，进而提升教育质量，保障既定目标的顺利完成。例如听课、检查等都是在教育过程中的评价，也就是形成性评价。

从对象角度来说，教育质量评价包括学生学业评价、教师教学评价、教育教学评价、专业与课程评价和教育资源评价。学生学业评价指的是针对学生的个体发展或是全体发展以及学生的学习成长变化的总结评价。其目的包括两方面：一方面，根据学生反馈情况及时调整课程和教学以适应学生发展，对学生的学习积极性起到推动作用；另一方面，对教学成果予以检验评定。学生学业评价过程中，最重要的是对实践课程的评定，涵盖了职业资格证书以及专业实践技能等，所以评价最关键的指标就是综合职业能力。教师教学评价指的是针对教师的教学工作，不论是过程还是结果予以评定，提升教师的教学能力。教育教学管理评价的关键是针对学校的教育资源、教学思想以及管理水平等的综合评定，致力于提升教育管理水平。专业与课程评价指的是针对专业的全过程进行评价，即从专业开发到教学计划的制订，课程体系的设置，课程内容的设置，再到教学活动的完成等，其目的在于提高课程、专业与社会需求之间的耦合程度，加快专业发展。

（三）职业教育质量管理的典型课程质量评价模式

在课程评价实践过程中，评价人员或研究工作者依据某种教育理念、课程思想或特定的评价目的，通过选取一种或几种评价途径建立起相对完整的评价体系，从而形成了特定的质量评价模式。典型的课程质量评价模式具体内容如下：

1. 差别模式

差别模式是由普罗沃斯于1969年提出的一种课程评价模式，其要旨在于比较课程表现与设计标准之间的差异，并作为课程改进的依据。这是一个吸收了以课程开发和管理为目的而建构的评价模式，这一模式共分四个部分和五个阶段。四个部分是指：①确定课程标准；②确定课程表现；③对标准与表现进行比较；④确定差别是否存在。五个阶段是指：①设计评价，将课程设计方案与预定的设计标准进行比较，找出差距；②装置评价，了解所运作的课程系统方案与原先计划的符合程度，若发现偏离计划标准，就需要考虑相应对策；③过程评价，了解趋向最终目标的中间目标是否实现；④成果（产出）评价，了解课程系统的最终目标是否实现；⑤成本效益评价，从整体上评价该课程设计与其他类似设计在效益上的异同。

2. 回应模式

回应模式是斯太克于1973年在《计划评价：特别是回应性评价》一文中提出的概念。回应模式是指传统的课程评价模式对课程计划目标本身的合理性及其变化、目标之外的教育价值等有关问题都不能有效加以反映，由此提出的一种"以所有与方案有利害关系或切身利益的人所关心的问题为中心的一种评价"，以回应委托人的需求和要求。回应模式的具体流程包括：一是评价者接触所有例如课程方案的评级对象，掌握评价对象的想法，按照所掌握的信息来明确评价范围；二是亲身体验感受方案的实施程度，将既定目标与实际完成情况对照；三是借助反馈结果对存在的问题予以修正并设计评价方案；四是按照要求的不同，选择适合的方式，对获取的信息进行加工，同时按照问题的不同进行分类，根据评价结果给出正式评价报告，进而做出全面准确判断。

3. 目标达成模式

目标达成模式的依据是泰勒课程理论，是一种以目标为中心建立的评价模式。目标达成模式涵盖很多内容，如目标的构建、目标的细化、目标的行为表述、目标实现场景的设定、测量技术的选择、学生相关资料的搜集，实际行为与行为目标的比对等。目标达成模式重在借助行为表述，让评价者清楚掌握目标的实现情况，然而因为自身受限，对于一些更深层的意义结果例如态度的形成等没办法给出评定。

总而言之，随着时代变迁，我国关于国外课程评价模式的认识也经历了一个发展的过程，即由最初的只了解泰勒的目标评价模式发展到现在的了解和使用多种评价模式；由只重视科学的定量分析,发展到现在的定量与定性并重。其原因主要源于解决我国课程评价改革中出现的实际问题。职业教育质量管理方法与质量评价的道路任重而道远。

（四）职业技术教育质量管理的评价体系

根据职业教育教学过程的特点,职业技术教育质量评价体系可由学校内部评价体系和外部评价体系两大部分构成。

学校内部评价体系和外部评价体系从不同的角度对学校教育质量进行评价,从而发挥其监督和调控作用。目前,在外部评价体系中,政府评估是主要方式。例如,教育部开展的高职高专人才培养水平评估实际上就是政府对高职高专学校教育教学质量的全面评价,具有很高的权威性。第三方评价是通过社会评估中介机构对学校教育质量作出评价,如ISO9000质量管理体系认证就是一种第三方评价。对于职业技术教育而言,社会评价是应该得到特别重视的外部评价方式,其内容包括社会影响和信誉、用人单位评价、毕业生及学生家长的反映等。学校内部评价是学校自我控制的一种方式,其体系由多方面组成。

1. 职业技术院校质量内部评价的要素与流程

确定教育质量评价的对象和范围,是进行质量评价的前提。为了讨论方便,我们将评价的对象和范围统称为评价的基本因素。根据职业技术院校质量形成的基本过程和特点,可将评价的基本因素分为专业与课程建设、教学资源、教育教学实施和教育教学结果四大部分。

职业技术教育是直接面对经济建设、以市场为导向的教育类型,而专业与课程建设是最能反映学校教育适应市场要求的因素。在"专业与课程建设"因素中,"培养目标"和"课程大纲"是其关键因素。没有正确的目标定位和高质量的教学大纲是难以保证"满足要求"的。所以,在"专业与课程建设"因素中包括了教学思想的评价、课程评价等。

教材、教学信息和资料、教学设施、教师队伍等都是重要的教学资源,管理制度反映了教学管理的水平,因而也成为质量评价的基本因素。"教育教学实施"囊括了整个教育、教学过程,其评价内容包含：教师的教学评价、教学部门的工作评价、学生的学习状况评价等，其评价性质主要是形成性评价。"教育教学结果"是对教育教学效果的最终检验，主要是总结性评价，如学生最终的学业提高程度——毕业率、获证率、就业率及学校受社会欢迎的程度等。

2. 职业技术院校内部质量评价的指标体系内容

教育质量评价指标体系的设计的多种方式，如按过程设计、按要素设计等。此处借鉴ISO9000质量管理体系的思路，将过程与要素相结合进行评价指标体系设计，将评价指标分为组织保障、教育资源、专业与课程建设、教学实施和教学结果五大部分，在这五大部分中，针对不同对象的评价如教师教学评价、教育教学管理评价和学生学业评价等都贯穿其中，必要时也可单独进行。例如，需要评价教师个体教学工作质量时，就可以专门进行教师教学评价，将评价结果作为教师个体工作质量的依据。对于高等职业院校而言，可以按照教育部《高职高专人才培养水平评估方案》中提出的指标体系进行总体控制，在此基础上再结合学校的实际，配合一些针对不同对象的评价指标，以加强过程监控，提高可操作性，如专业评价、课程评价、教师教学质量评价、学生学业评价等。

第三节 海南职业教育发展的对策与建议

一、做好宣传，加强统筹

（一）提高思想认识，更新教育观念

"高素质的应用技能型人才是我国高等职业教育的培养目标"。全省各级政府、各职能部门、业务主管部门领导要认真学习、贯彻落实全国职业教育会议精神，咎确发展职业技术教育重要性和必要性的认识，树立正确

的教育观、政绩观，重普教轻职教、重应试升学轻技能培养的错误倾向，纠正发展高中阶段教育就是发展普通高中教育的错误偏向。全面实施素质教育，深化教育体制改革，统筹城乡、区域教育，统筹各级各类教育，统筹教育发展的规模、结构、质量、效益，努力办好让人民群众满意的教育。学校要充分发挥舆论宣传的积极方面，加大对职业教育的宣传力度，转变人们轻视职业教育的观念，宣传职校生就业有路、致富有方的典型事迹，大势宣传、表彰职业教育的先进单位和先进人物，增强职业教育的社会信誉，引导社会、家长和学生树立正确的教育观、人才观、择业观，让他们充分了解职业教育并对接受职业教育产生兴趣，自觉自愿地接受职业教育。

另外，各级政府要高度重视职业教育，把职业教育的发展纳入当地经济社会发展的整体规划，优先予以考虑。发展职业教育不仅仅是办职业学校的问题，也不单纯是教育部门的工作，更是经济建设和社会发展的大事。这意味着，要提高全省人口整体素质，尤其是海南省的素质仅靠高等教育和普通高中教育是远远不够的。发展职业教育，不仅有利于在更大范围提高人口素质，有利于科技进步，而且更有利于促进就业问题的解决。因此，各级政府要从提高重要的议事日程，放到与高等教育和基础教育同等重要的地位。党委、政府的主要领导应亲自抓职业教育，解决有关办学方向、办学体制、办学经费和学校建设等重大问题。

（二）建立联席制度，增大统筹力度

各级政府要切实加强对职业教育工作的领导，省、市县建立职业教育工作部门联席会议制度，由政府领导牵头，各部门领导参加，明确各部门在发展职业教育中的职责，加强合作、相互配合，共同承担发展职业教育的重任，加强对职业教育的定期研究、统筹规划、综合协调和宏观管理。

（三）依法治教，落实相关教育政策

发展职业教育的政策，国家有《中华人民共和国职业教育法》，有了政策措施，关键是要抓落实，特别要落实资金投入。发展职业教育的政策要像加强农田水利基本建设一样，敢于投入；要将国家法律的原则规定具体化，

使之成为便于操作、便于检查监督的规定，使全省职业教育有长期、稳定、可靠的经费来源；同时，要利用好现有教育经费，通过合理调整教育经费的使用结构，利用更多的资金来发展职业教育。

（四）多方协调，鼓励各界统筹办学

各行业、企事业组织和社会各界应在政府的统筹下，积极举办职业教育，这应该作为建立现代企业制度的一部分，作为由粗放型经营向集约化经营转变的一项重要措施。省、市有关部门和大型企业，要切实肩负起办好现有普通中专和技工学校的责任，进一步改善办学条件，拓宽服务面，不断提高办学水平和效益。同时，要支持和引导社会力量办学，使社会力量办学成都市职业教育新的增长点。发展社会力量办学不是要多批多办新的学校，而是主要通过改革，将一部分学校交给社会力量去办，可以国有民办，可以公办民助，可以联合办学，也可以租赁办学。对社会力量办学要加强管理，对办学条件要有严格要求，对教学质量要进行科学评估。在日常管理、业务指导、教师队伍建设等方面，与公办学校一视同仁，支持和帮助他们不断提高教育质量和办学水平。

（五）推动骨干示范职业学校的建设

通过严抓骨干示范性学校建设，推动职业教育办学体制、管理体制和运行机制等各项改革和学校布局结构的调整工作，促进教育评估工作的规范化、制度化，要抓好国家级重点学校的创建工作，同时，开展省部级重点学校调整评优工作，并以此为动力，推动教育资源的优化组合和办学水平的提高。政府要加强对职教的引导，主要是向其发布和提供产业发展趋势、科技发展趋势以及人才需求变化趋势的信息，促使他们按照发展需要设置专业，使其步入良性发展的状态。同时，要充分利用现代教育技术手段，积极举办"网上大学"或"网上大学"辅导教学试点班，发展为职业学校套用普通大学办学的传统模式，建立网上远程教育体系。

二、调整布局，资源优化

（一）整合职教资源，建设职教集团

在我国职业教育发展过程中，外部困难和内部矛盾并存；在观念、体制、结构、质量等多种层面上，体制性障碍是最主要的掣肘；在职业教育改革和创新中，体制创新是关键所在。省政府要对全省的中等职业学校做好统筹规划，改变"条块分割"局面，要打破职业学校原来的隶属关系，通过合并、联办、共建、划转等方式，根据海南省产业发展需要，按相同、相近类别，把归属不同行业、不同部门、不同所有制的职业学校归类，在琼北地区组建立机电汽车、电子信息、交通物流、化工药业、商贸旅游、卫生、体育艺术等职业教育集团，在三亚地区组建三亚职教集团，在五指山地区组建民族职教集团。职教集团打破行业、部门所有制界限，实行"一校多制"，吸纳民办职校、社会力量参加职教集团，解决中等职业学校办学规模"小"而"全"、学校布局欠合理、专业设置重复、师资力量和教学设施分散等弊端，优化资源配置，实现资源共享，提高办学质量和办学效益。

（二）落实办学用地，创建职教园区

建议选择在有利职业教育发展、毗邻工业集中、交通便利的海口西郊和澄迈县老城工业开发区之间，建立一个职业教育园区。职教园区采取"统一规划、集中投入、分步建设、共同使用、统一管理"的办法，由省政府确定职业教育发展的目标，解决规划用地问题。资金筹划方面，要集中中央职业教育专项资金、省政府投入资金、各搬迁合并学校资产置换资金和银行贷款等，同时吸纳社会资本金，争取用最短的时间分步实施完成职教园区建设。职教园区实行主体开办、资源共享、功能多重性、后勤社会化、信息网络化、管理法制化等方式。职教园区内建设共享型的体育运动、娱乐活动、图书资料、生活服务场所和实训基地、培训基地，将各学校原有的设备集中使用，令所有设施、设备和师资实行共享。

（三）集中力量，创办县（市）级职教中心

市、县政府要集中力量办好一所独立设置、起骨干示范作用的职教中心，并把职业教育中心建设放到与普通高中学校同等重要的位置。选择在人口集中、交通便利、信息灵通的县城职业学校基础上重新规划建设。职教中心的建设除了争取中央专项资金外，省、市县政府必须给予配套资金，同时集中财政下拨各有关部门的培训资金、积极引进社会资本、社会捐助等多方面资金。县级职教中心建设要解决好职业学校依靠初级中学办班或与初级中学二校合一的问题，职业学校的初中班要逐年分离出去，农村的职业学校可并入县城职教中心，也可根据需要留下个别学校继续举办农业技术培训。建议省政府加强对县级职教中心建设的领导，制订建设目标、建设计划、列出时间表，明确责任人，重点建好少数民族地区、中部市县和贫困市县的职教中心，带动其他市县职教中心建设。

（四）办设特色的职业教育，扩大对外开放

目前，我国职业教育不受重视，民众的认可度较低，归根结底是因为我国的职教没有特色。与普通高等教育相比，职业教育有其自身的特点，即发展过程的区域性、办学形式的多样化、教学过程的实际性、教育管理的开放性。

第一，职业教育首先要为区域经济服务，职业学校的人才培养要立足于当地，根据区域经济发展和市场的需要设立和调整专业设置。教育机构要加强与企业的联系和调查研究，从实际出发，因地制宜，使职业教育能为当地的经济发展提供人才资源保障。

第二，职业教育要发挥其办学形式多样化的优势，广泛吸收中外教育资源，不断扩大职业教育的对外开放，促进人才的流动；根据经济发展的需要，主动出击，适时地开展各种教育和培训；适应我国建立学习型社会的需要，积极开拓普通高等教育的未及领域，如农村市场、在职和下岗人员的继续教育和培训等。

第三，职业院校要加强教学实践性，以提高学生实际动手能力为己任，

用实践性强这一优势和普通中、高等教育竞争市场，相信这样市场的呈现效果应该会很好。

第四，由于我国大多数职业学校是由教育部门举办的，而缺乏行业的依托和产业背景，缺乏与企业的天然联系，因此难以反映市场变化和实际需要。职教院校大多因为经费问题而苦恼，从改善自身管理着手，加强与行业、企业的合作，与市场接轨，吸收一切可以利用的资源，相信资金问题将不再突出。

第五，加强教育体系的系统化。我国职业教育存在的问题最直接的后果是学生就业难。这是因为我国职业教育基本上还是普通高等教育本科课程的浓缩，过于注重理论知识的教学，忽视学生实践技能的培养，使得职业教育没有自己的特色。目前虽然增加了中等职业学校毕业生进入高等学校特别是高等职业学校的比例，但是中专生大多不愿继续深造，一方面因为继续深造的学制太长；另一方面是学生感觉高职与中专差异不大。这样的深造方式对学生的吸引力自然非常小。

第六，国家通过建立职教师资基地，扩大职业学校毕业生接受本科及其以上学历教育的机会，但是，每年能够进入普通高等院校深造的职校生的比例实在是太小了。从整体来看，我国高等教育与职业教育还有着明显的界限。可以建立中等与高等教育相衔接的课程体系，使国家整个教育体系系统化。通过不断提高职业教育的质量，加大普通教育与职业教育的融合，开创我国发展高等职业教育的新道路，建立和完善人才培养的立交桥。

三、落实政策，加大投入

（一）增加职业教育的财政投入

在保证教育经费法定增长的基础上，调整教育经费的投入结构，提高中等职业教育经费在本地区教育经费投入中的比例。

第一，安排专项经费，配合实施中央资金推动的职教专项计划，争取国家对海南省职业教育的支持和奖励。

第二，落实城市教育费附加安排用于职业教育的比例不低于30%等职业教育各项投入政策。

第三，统筹使用农村劳动力转移培训、农民技术培训、下岗职工就业再就业培训经费。

第四，通过政策引导，吸引社会投入资金，多渠道增加职业教育经费。

（二）强化职业教师队伍的建设

要采取多种措施加强教师队伍建设应：

第一，人事部门要根据职业教育事业发展给职业学校定编，由职业学校自主聘用教师。市、县人事部门也要给教师编制，而职业学校聘用专业教师，不能仅限于聘用师范院校毕业生。

第二，建立海南省职业教育师资培训基地。

第三，财政要安排职业教育师资培训专项经费，以便职业学校有计划地安排教师培训进修。

第四，制定和完善职业教育兼职教师聘用政策，支持职业学校面向社会聘用工程技术人员、高技能人才担任专业课教师或实习指导教师。

第五，将县级职业中学教师的职称评定列入职教系列，解决职业学校教师职称评定问题。

（三）创设共享型职业教育实训基地

在职教园区建立一个集数控技术、汽车维修技术、电工电子与自动化技术、计算机应用与软件技术、建筑技术、现代物流、生物制药技术、食品生物技术、旅游酒店服务、美容美发、家政服务于一体的制造业和现代服务业的共享型大模式职业教育实训基地，将各职业学校争取到的中央财政用来支持奖励项目设备、国际援助项目设备、搬迁学校原有设备，并争取将企业合作提供的各类设备集中起来，统一使用、统一管理，改变学校建实训基地的低水平重复建设格局，为全省职业学校学生提供充分的、高质量的实际动手训练机会，提高学生的操作技能。同时，充分发挥市场机制的作用，调动社会各方面力量共同参与，实行政府、企业和学校共建共管，做到教学与生产相结合，这样不仅完成教学实训任务和政府各部门的职业培训，还可主动面向市场开展培训和技术服务。同时，在职教园区以外的职业学校建设小模式实训基地，以满足其他职业院校学生实训需要。

（四）创建职业学校贫困生资助制度

海南省地方政府要随着招生规模的扩大，逐年增加资助人数，扩大资助面。此外，省政府要继续拨款举办"小康班""9+1"培训班等有地方特色的职业教育班，在农业类学校举办涉农专业班，免费招收贫困地区青年学生，让大多数农村学生和城镇低收入家庭学生都有接受职业教育的机会，从而促进职业教育大规模发展。海南对职业教育重点倾斜、重点支持、重点发展，将它作为解决民生问题的一项重要举措，即争取每个贫困家庭至少有一个适龄孩子能上职业学校，教给他们一技之长，帮助他们就业，带动贫困家庭稳定脱贫。

（五）积极抢占职业培训的主要市场

我国职业教育迄今为止重心还是在学校形态的、长学制的、学历化的职前养成教育上。这种职教模式对全面提高劳动者素质是很有用的，适合青年早期的学生。所以它还会长期存在，并不像有些文章说的要取消中等职业技术学校。同时也要看到这种模式因其培养学生的周期长，对市场需求与技术进步的反应就不够灵活，已日益显出与市场需求脱节、毕业生就业困难等弊端，与日益增长的培训需求不相适应。现代社会中，不论被动的还是主动的，个人可能多次转换工作岗位，甚至改换职业。即使职业不变、岗位不动，劳动要求也会不断提高。因此，劳动者为了适应和改善职业生活，在他的劳动生涯中就需要多次接受培训。

随着劳动力流动加剧和劳务输出事业的扩大，带动了职业培训的需求。全国有些地方已初步形成培训市场，但中等职业技术学校介入的还很少。这些学校在教学设备、专业师资方面都有一定优势，学校应该有意识地抢占职业培训市场，这样既可以使现有教育资源得到充分利用，又可以拓展中职学校的教育功能，逐步实现其职能的多样化，使职教的办学模式由学历教育为主向学历教育与培训并重的方向转变。教育行政部门要支持这种转变。完善劳动就业准入制度，实现培训就业对接。

严格实行劳动就业准入制度，不仅关系到职业学校生存和发展的问题，更是关系到现代劳动者素质的问题。政府需要加大劳动监察的力度，对劳动部门明确规定的90个职业（工种）招用技术工种从业人员规定，严格执行就业准入制度对于一般职业（工种），必须从取得"两证"（职校毕业证、职业培训合格证书）的人员中录用。通过严格执行就业准入制度引导人们增强接受职业教育和培训的自觉性。

职校要认真贯彻《中华人民共和国职业教育法》关于职业教育实行学历文凭和职业资格证书并重的规定，以"社会效益第一""质量第一"为原则，以就业准入控制和待遇激励机制为动力，完善职业技能鉴定社会化管理体系，逐步形成完善的政策制度、健全的组织实施网络、规范的质量保证体系、严格的监督检查手段，提高职业资格证书的权威性，实现职业资格证书与学历文凭并重，并与国家就业制度相衔接。另外，要在职业教育中全面实行学历文凭（培训证书）和职业资格证书"双证"制度，认真推行国家职业分类和国家职业技能标准，并以此引导职业学校和职业培训机构调整教学内容。加快发展职业技能鉴定，各地劳动行政部门要合理规划，在有条件的职业学校和职业培训机构设立国家职业技能鉴定所。要使职业学校和职业培训机构的毕或结业生在毕业时，能通过鉴定取得相应的技术等级证书，便于进入劳动市场竞争就业。

（六）注重开放式终身职业教育体系的建设

现阶段，职业教育终身化在我国已初现雏形，主要表现为在大力发展中等职业教育的同时，高等职业教育得到迅速发展。同时，大量培训机构的出现也标志着广大人民对终身教育的认可。但要真正实现高等职业教育的培养目标，促进职业教育向终身化方向发展，必须要促使职业教育与当地经济社会发展紧密结合，与劳动就业紧密结合，与人民群众多样化的教育需求紧密结合；要满足人民群众终身教育的需求，应坚持培养和培训并举，实行学历教育与职业培训相结合、全日制和业余制相结合，把职业学校办成面向社会的、开放的、多功能的教育和培训中心；要根据不同专业、不同教育培训项目和学习者的实际需要，实行灵活的学制和学习方式，推行学分制等弹性学习制度，为学生半工半读、工学交替、分阶段完成学业创造条件。

四、引导企业，服务学生

积极进行教学改革，努力提高人才培养的质量。当前特别要注意的是以市场需求为导向，不能强调办学机构能做哪些，这种"需要"来自社会、企事业单位，也来自学习者个人，而且社会、企事业单位必须转化为个人需要，才能构成对教育与培训的切实需求。改革的主要环节是专业（工种）设置、课程结构和教学内容。在部分学校也可以进行学制改革试验，以市场为导向，抓好职教结构调整，努力建立符合海南省省情、适应经济和社会发展的职业教育体系，力争也使海南成为职业教育改革的先进省。

（一）对专业结构进行调整

职业学校的专业设置要面向市场，面向经济，与当地产业结构调整、主导产业发展相配套，在农村要与农业产业化、现代人的发展趋势相适应。学校的办学依据就是经济和社会发展的需要。职业学校的专业设置不能一成不变，要有灵活性，社会需要怎样的人才就要开办怎样的专业，需要怎样的技术就要开设怎样的课程。在市场经济中，职业教育必须面向市场、走进市场、适应市场、运用市场机制。要适应科技发展和产业进步的需要。及时更新专业内涵，改造老专业，创设新专业。有的专业还要适当超前，如康复保健、环保保护等专业，就要适当开设一些。要坚持稳定、长效、需求量多的主体专业或名牌专业同易高、短期、需求量少的新专业相结合，只有这样才能保持适销对路的办学活力。

（二）优化现有教育资源配置

要制定政策，鼓励和引导城市各级各类职业学校，按照专业类型相近的原则，以优势重点学校为核心，走联合办学之路，要集中建设培训基地和公共教育设施，统一调配教学设备和教学力量，实行资源共享。农村、各县、市要集中力量建设一所示范性的起骨干作用的学校，把它逐步创办为"职教中心"，带动县市职业教育的发展。

（三）立足海南省并面向沿海

自改革开放40多年以来，海南省有不少人到广东、江浙、上海等沿海经济发达地区工作，其中人数最多的是南下的打工者，素质较高的是有各种专业技能的技术人员，这中间也有不少是职业学校的学生。但是，他们的行动大多是个人行动，大多通过个人努力成功的。此外，海南省职业学校的发展方向，要立足于海南省的基础上，在专业设置和培训目标上面向沿海需求市场。要在沿海经济发达地区建立一些有人才交流的中介组织，使向沿海地区的人才流动进入有序化的阶段，减少盲目性。

（四）扩大招生规模组建教育集团

海南是中国最大的经济特区，完全可以率先在全国成为先进职教基地。但由于我们许多职业学校满足于现状，缺乏竞争意识，使我们许多有实力的职业学校只在相关专业范围有一定影响，在社会上鲜为人知。今后，要加强宣传力度，扩大其影响，造就一批在国内外有较大影响力的职教名校，并在各处独立发展的基础上，联合一批相关专业的学校，适时地组建教育集团，依靠整体优势，形成职教的集团。

第二章 职业教育质量保障体系与体制改革

第一节 职业教育质量评价与保障体系

一、职业教育质量的评价

(一) 办学条件评价体系设计

高等职业院校截至目前已经达到千余所,占据我国高等教育院校数量的多数,是我国高等教育的重要组成部分。办学条件是指高职院校开展教学活动所必须达到的相应的要求和标准。办学条件与办学资格相比,办学条件是前提,办学资格是结论,即只有达到了一定的办学条件,才可能取得一定的办学资格,否则就不能开展教育教学活动。

高等职业院校办学条件评价是院校自身以教育行政部门的办学资格评价指标为基础,对本院校整体办学条件和各专业对应的办学条件是否满足高等职业教育的基本要求和各专业的发展需求所进行的评价。这种评价是在一定周期内开展的规范性评审,关系到高职院校自身的生存基础和长远发展目标的实现。

1. 办学条件评价目的和意义

高职院校内部办学条件主要用于衡量本院校是否具有保障体系研究或者达到基本办学条件的自我检查,衡量本院校一定的招生规模所应该达到的教师数量、占地面积、教室配备等条件，以维护正常的教学秩序，对各项办学条件进行监测，保证教学质量和规格。另外，衡量本院校各专业所匹配的教学条件，从而核定各专业的招生规模。高职院校内部办学条件评价体系有利于院校对自身的办学条件和各专业教学资源的分配有更清晰的认识，也有利于院校改善办学条件和调节各专业教学资源，为院校自身的基础发展和长远发展起到积极的促进作用。

2.办学条件评价的主要依据

依据的文件应当分为两类：①国家对高职院校办学条件的基本要求类文件；②院校对本院校各专业教学条件配置的规范，会根据学院对专业发展的侧重点不同配置教学资源，通常重点发展专业的各项指标要超过基本办学条件的两倍，具有发展潜力的专业各项指标要超过基本办学条件的1倍，普通专业的各项指标符合基本办学条件即可。

3.办学条件评价的指标体系结构

（1）管理人员。管理人员包括全院性质的管理类人员和针对专业建设的管理人员。全院类管理人员包括学校校（院）长、主管教学副校（院）长、教务处长、系（科）主任等，他们必须具有相应的专业技术职务的任职要求；专业管理人员（包括专业带头人、教研室主任等）也必须具有相应的专业技术职务的任职要求。这是一所院校发展方向和办学质量的重要保障。

（2）教师队伍。教师队伍是教学工作的直接实施者，教师队伍的梯队结构和素质质量对院校办学质量起决定性作用，同时，学校（院）必须配备专、兼职结合的教师队伍，其人数应与专业设置和在校学生人数相适应。

（3）办学条件。设置高等职业院校以及开设新专业，须有与院校专业门类和规模相适应的土地和校舍、实习实训场所、教学仪器设备和图书资料，以保证教学、实践环节和师生生活、体育锻炼与学校长远发展的需要。

（4）办学保障。设置高等职业院校所需基本建设投资和正常教学等各项工作所需的经费，须有稳定、可靠的来源和切实的保证。

4.办学条件评价组织的具体实施

办学条件评价体系建立后，高职院校对本院自身的办学条件和各专业的办学资源予以评价,必须进行有效的、严密的组织实施,尤其是要敢于否定自身的不足,否则就无法达到预期的目的。

(1)评价主体。评价主体是院校的教学指导委员,即学院最高的教学管理、规范和决策机构。因为教学指导委员对本院的基本办学情况最为了解,更懂得全院高等职业教育办学条件和各专业教学资源的掌控。

(2)评价对象。评价对象是院校自身办学条件和各专业的办学资源,是评价该校和各专业是否达到办学基本标准和专业发展的必要资源。

(3)评价程序。第一,院校每年进行一次办学条件评价和一次各专业教学资源评价;第二,应当由指标对应的部门提交相应的数据和佐证材料,即提供书面评价材料;第三,教学指导委员会对照指标体系审核各种书面材料,即书面审查;第四,在书面审查过程中,教学指导委员会如果存在异议,可以进行实地考察,了解情况。

(4)评价结论。评价结论表现为优化本院校办学条件和教学资源,仍未达到办学资格要求的专业,可以暂缓申报招生数量。

(二)教学内涵评价体系设计

教学内涵是职业院校办学质量的具体体现,一所院校的教学内涵是以专业内涵为基础建立起来的综合体系,参照专业质量评价体系的相应指标,制定院校内旨在促进本院校专业建设与发展的评价指标体系,可以增加本院对所开设专业基本情况的了解,找准差距,发现问题,明确专业的建设定位和发展方向。

1.教学内涵评价体系基本原则

教学内涵体系是由本院校自行组织实施的、针对所开设的具体专业进行的定期的、全面的教学方面的质量评价,之后会在全院各同类型专业中进行综合排名。

(1)分类指导性原则。学院开设的专业根据开设的时间长短和专业特点可分为新建专业、特色专业、引领专业。分别确定不同的评价指标,正确处理其专业不同的基础条件带来的优势或者劣势。

(2)客观性原则。评价指标的选择要以客观为出发点,公平、公正地开展评价，必须基于客观的原则，实事求是。只有依据客观的数据和信息才能得出正确的评价结论，才能真正找到所评价专业的问题所在和优势方面，才可以有的放矢地进行专业建设和专业改革，促进专业的全面发展。

教学内涵评价的指标内涵与专业质量评价的指标内涵基本一致，都包括多方面的指标内容，即专业设置和专业培养目标、课程体系和课程结构、课程实施、教学环节、职业关键能力与素质培养、教学环境、产学研合作、师资队伍、学生素质、毕业生就业、专业特色等。为了更好地阐述上述指标，同时更好地开展专业建设，以下就人才培养模式、核心课程及实践教学等专业建设的重要内涵予以阐述。

如何办出有特色的高等职业教育，最关键的是创新人才培养模式，人才培养模式决定了将来会培养出什么样的高素质、高能力人才。因此，衡量人才培养质量的重要方法是评价高职人才培养模式。在培养人才的过程中，最重要的是准确把握高等职业教育人才培养模式的内在涵义，并且，培养过程主要回答的是两个问题，即高等职业教育怎么培养人才，培养什么样的人才。因此，高等职业教育在明确自身的人才培养模式时，应该坚持以专业培养目标为指导，从实际出发，针对学生的不同情况，制定多样化的人才培养模式，并进一步明确学生应该具备的素质结构、知识体系和综合能力，依据这些特征开展有效的教育活动。

2.国内职业教育人才培养模式种类

国内高等职业教育经过十多年的发展，在人才培养模式上进行了积极的探索，形成了以下典型的人才培养模式。

（1）"双证书制"人才培养模式。"双证书制"人才培养模式是指高等职业院校毕业生在完成专业学历教育取得毕业文凭的同时，必须通过与其专业相衔接的国家就业准入资格考试，并获得相应的职业资格证书。

（2）"产学研结合"人才培养模式。"产学研结合"人才培养模式是指学校与企业合作，以培养学生专业素质、应用操作能力和就业竞争力为主，以合作开发与研究实际技术问题为辅，利用学校和企业以及研究机构不同的教育环境和教育资源，理论教学以学校为主，技能培训和实践教学以企业为主，课堂理论教学与学生参加企业实际工作有机结合，培养适合企业和用人单位需要的有较强综合应用能力人才的一种职业技术教育培养模式。

（3）"订单式"人才培养模式。"订单式"人才培养模式是指以"订单"为标志，强调学校与用人部门共同制订人才培养计划，签订用人订单，并在师资、技术、办学条件等方面合作，通过"工学交替"的方式分别在学校和用人单位进行教学，使学生毕业后直接到用人单位就业。

3.职业教育人才培养模式的评价要素

高职高专教育人才培养模式的基本特征是：以培养高等技术应用型专门人才为根本任务、以适应社会需要为目标、以培养技术应用能力为主线设计学生的知识、能力、素质结构和培养方案，毕业生应具有基础理论知识适度、技术应用能力强、知识面较宽、素质高等特点；以"应用"为主旨和特征构建课程和教学内容体系；实践教学的主要目的是培养学生的技术应用能力，并在教学计划中占有较大比重；"双师型"（既是教师，又是工程师、会计师等）教师队伍建设是提高高职高专教育教学质量的关键；学校与社会用人部门结合、师生与实际劳动者结合、理论与实践结合是人才培养的基本途径。所以，高等职业教育的人才培养模式构成要素包括以下方面：

第一，创新体制机制。国家教育行政部门都非常鼓励各高职院校积极探索、创新办学的机制和体制，只有找到合适的办学机制和方法，才能促进我国高等职业教育的发展，进而办出高质量、独特的高等职业院校，才能让我国的高等教育走向世界。人才培养模式的优劣直接受教学机制和体制的影响，所以，就算高职院校的人才培养模式再优秀，高职院校的发展活力也会受到机制问题和体制问题的制约。

第二，明确高等职业教育的培养目标，即培养高技能应用型专业人才。高等职业教育的根本任务是培养高素质应用型专业人才，以此适应社会发展需求，在设计教学方案、知识体系的过程中，高度重视培养学生的技术应用能力，这是高等职业教育培养人才的战略主线，由此培养出的学生可以满足市场、社会的发展需求，整个培养过程都非常注重应用性和技能性。

提升学生的技能应用能力、确保技术应用紧跟时代潮流的必要前提是校企合作。如果企业和行业不参与人才培养，那么培养学生的应用能力很容易迷失方向，无法明确培养目标，也无法明确市场对各项技能的需求情况，如此，高职院校的办学将会失去意义，更无法落实人才培养模式。因此，各高职院校和企业应该深入合作，建立良好的合作模式，互惠互利，最终实现双赢，只有这样，才能吸引企业自主参与教学和人才培养，才能进一步提升学生的应用能力，进而培养出满足符合社会经济发展的应用型人才。

第三，明确教学占比，换言之，实践教学比重高于理论教学。高职院校的实践教学质量是人才培养模式的重要部分，教学质量水平直接影响人才的技能水平，并且，实践教学质量的高低直接影响学生的应用能力，因此，教学质量的好坏直接影响了人才培养过程中的实践。在整个教学体系中，高等职业教育的培养目标是所有实践的指导，并且起着至关重要的作用，这一特征主要体现在教学学时的占比上，根据数据可知，高职院校的实践课程数量比理论课程数量多，占比60%。在设计教学内容的过程中，理论教学主要为后续的实践教学打基础。理论与实践相结合的教学形式应该应用到各专业的核心课程教学中，根据"理论、实践一体化"的形式开发专业课程，将教育重点放在培养学生综合应用能力上。

第四，强化实践应用能力，将实践应用能力的培养注入课程体系及教学内容中。与本科生和研究生相比，高职学生的应用能力更突出，因为只有掌握了实际应用能力之后，高职学生才能胜任相关工作。因此，在培养高等职业教育人才的过程中，培养应用能力成为了标志性特点，并且，在培养的过程中，还需要综合分析不同专业学生的不同特点，注重因材施教，将提升高职学生的应用能力作为人才培养的最终目标。当前，信息技术的发展变化莫测，高职学生在校园内掌握的知识和技能在进入社会时，很可能已经落后于社会的发展，且已经无法满足社会的需求，因此，在培养高职人才的过程中，不仅要强化学生的各项技能，还应该引导学生持续学习，不断掌握新的技术。在设计人才培养模式的过程中，必须注重培养学生继续学习的能力，不断强化学生的知识、技能，这是人才培养的关键点。根据岗位需求制定教学方案，将培养学生的实践应用能力作为主要的培养目标。并以实践应用为培养宗旨，不断完善和优化课程内容和课程体系，培养出具有高知识水平、高素质、应用能力强的应用型专业人才。

第五，组建"双师型"教师队伍。作为高职院校的专业教师，应该具备较强的理论基础知识，同时，还应该具备较强的实践应用能力，特别是一些来自行业一线的兼职教师，更应该具备扎实的理论基础和实践操作能力，以自身过硬的专业能力参与到人才培养、制定培养方案以及教学实践等教育教学实践中，为高职院校培养人才提供坚实支撑，这对提升高职院校的人才培养质量起到了至关重要的作用。除此之外，各高职院校还应该加强专职教师和兼职教师的合作交流，进而提升学校的师资力量。另外，高职院校的教育还应该最大限度地吸收行业岗位新标准，以此保障学生可以满足社会发展的需求。

第六，高职院校应该建立教育质量评价体系。高职院校在培养人才的过程中，应该建立健全各项监控指标和监控要素，全面监控人才培养过程，进而确保人才培养的质量和水平。一般情况下，评价主体主要包括学校、企业专家、学生家长以及教育专家等，评价内容主要包含教学模式、教学体系、专业设置以及教师能力等。

4.不同职业教育课程的教学内涵评价

（1）核心课程的教学内涵评价。核心课程是该专业课程体系中涉及核心技能培养等重要内容的课程，是专业教学质量与教学改革工程的重要组成部分。高职院校作为培养高技能应用型人才的主力军，必须紧紧抓住提高人才培养这条生命线，结合自身特点，以专业核心课程建设为抓手全面提高教学质量和人才培养水平。

高职院校在设置专业核心课程时，不仅要与本科院校的课程区别开来，还要区别于高职院校中的一般课程，根据自身特点设置课程。此外，高职院校还应该正确认识和把握精品课的特点，进而为建设和管理专业课程提供更加清晰的思路、更加明确的方向以及更加严谨的体系。

相较于本科院校的课程，高职院校的课程具有以下几点特征：

首先，职业性。高职院校的职业性特征非常突出，其核心课程也具备这种特性。高职院校的课程目标是培养专业人才，并且培养的人才要符合社会的岗位需求，因此，高校课程体系可以让学生掌握岗位需求中的基础知识和技能。

其次，应用性。应用性对高职院校的人才来说非常重要，学生掌握相关技术后，可以直接运用相关技术完成岗位任务，进而减少社会培训周期，此种培养模式深受公司企业的青睐。高职教育的目标和要求是培养学生的技能应用能力，在具体落实的过程中，专业核心课程更应该注重培养学生的应用能力，只有这样，才能提升学生的实操能力，进而满足社会的需求。

最后，实践性。高职职业教育需要培养和提升学生的动手实践能力，通常情况下，本科教育更加注重理论培养。因此，高职院校在设置专业核心课程时，应该将实践性注入课程建设的每一个环节，让学生重视实践操作，进而为以后的就业打下坚实的基础。

与一般的高职院校课程相比，应该具备以下几点特征：

第一，示范性。专业核心课程的优越性和示范性主要体现在具备结构合理的师资队伍，具有丰富的教学内容和经验，具有先进的教学方法和成熟的教材等，专业核心课程经过长时间的发展、积淀和升华，可以成为其他类似课程的榜样，为其他课程提供改革经验。

第二，创新性。专业核心课程的创新性主要体现在课程教学的各个环节中的课程内容、课程方法和课程建设思路、课程理念，与此同时，还需要充分借鉴现代手段。只有不断创新，才能确保课程建设与时俱进，才能确保专业核心课程的领先地位。

第三，共享性。专业核心课程被国家评为示范专业，该课程必须建立相关的课程网页，将课程资源共享到网络平台上，实现课程资源共享，进而充分发挥优质教育资源的作用，并让专业核心课程产生最大的社会效益。

（2）专业核心课程建设。在高职院校教学基本建设中，课程建设是不可或缺的一部分。课程建设可以提升教学质量，深化教学改革，还可以衡量高职院校的教学水平和人才培养质量，其起着至关重要的作用。专业核心课程是优秀课程的代表，必须从当地的办学特点和培养目标入手，坚持理念先行、课程创新，鼓励广大人民教师投身教学实践和改革，切实开展课程建设。专业核心课程的建设主要包含以下几点内容：

第一点，加强师资队伍建设。专业核心课程建设的重要核心内容是加强建设教师队伍，这就需要影响力大、实践经验丰富的主讲教师，并通过专业、系统的建设形成一支良好的教师梯队，这些教师需要具备较高的教学水平和丰富的实践教学经验，重点应该把握以下几个方面：

首先，名师塑造。专业核心课程建设充分体现了任课教师的综合能力，包括理论知识、教学理念以及人格品质等。专业核心课程建设最直接的成果就是名师塑造，因为课程建设必须充分结合教师的教研水平，并对重点教师进行针对性培训，此外，高职院校还应该鼓励业绩好、专业背景强的教师担任主讲教师。课程建设应该强化课程负责人制度，负责人不仅是课程开发和建设的负责人，还是科研、教学、日常教学管理以及课程建设的责任人。在这个过程中，负责人的专业技能能够迅速提升，并进一步优化和提升课程质量。

其次，完善专业核心课程的结构。专业核心课程的结构必须合理，因为它们有着共同的发展目标。在配备教师时，不仅要配备课程名师，还需要配备实验教师及辅导教师；不仅要有实践能力突出的教师，还需要有科研能力强的教师；不仅需要实践经验丰富的教师，还需要具有高学历的新教师，只有这样，才能进一步完善和优化课程的团队结构。

再次，培养教师梯队。专业核心课程建设属于长期工程，教师团队必须意识到这一点。专业核心课程只有重视梯队建设，才能确保教师队伍的生命力旺盛，确保教师队伍不断前行和发展。

最后，注重科研。不管是高职院校、本科院校，还是专业核心课程，都应该注重科研工作，它们的不同点在于科研工作的侧重点各不相同。一个团队的科研能力可以反映出专业核心课程的综合实力，这也是各类课程的核心竞争力，并且，科研实力在一定程度上决定着专业核心课程的评定结果。因此，专业核心课程团队中的教师都应该注重科研，并将科研成果运用到实践教学中。

　　第二点，教学内容建设。在建设教学内容的过程中，应该先明确专业核心课程的重要作用和地位，并处理好单一课程建设和系统课程改革的关系。高职院校建设课程体系的出发点是提升岗位技能，并根据相应的岗位要求制定技能指标，进而形成模块化、系统化的课程体系。除此之外，高职院校还应该将岗位要求分解为基础单元，并制定相应的教学内容和目标。在重组和优化教学内容的过程中，不仅要注重人文教育，还要重视技术教育；不仅要注重综合能力的培养，还需要注重专业教育；不仅要将课程联系在一起，还应该充分发挥专业核心课程的示范作用，进而增加课程的逻辑性，促进高职人才培养的发展。

　　第三点，教材建设。教材是课程建设过程中不可或缺的一部分，是课程教学中重要的参考资料。教材建设应该紧紧围绕培养目标，应该符合教学大纲要求和教学计划要求，并在本课程领域中适当融入先进的工艺、科技内容等，创新文字教材、教辅资料和电子教材等教学资源。在优化和重组教学内容的过程中，应该注重技术教育和人文教育；不仅要注重培养综合能力，还应该注重专业教育；不仅要发挥专业核心课程的示范作用，还应该将各类课程联系在一起，逐渐增强课程的内在逻辑性，除此之外，还应该将培养能力、传授知识等结合在一起，构建系统性的教学框架。

　　在教学的过程中，高职院校应该高度重视实践性教学。在教学内容中，实践性内容应该占一定比例，这充分体现了高职院校课程的实践性、应用性。所以，在建设专业核心课程的过程中，应该坚持理论与实践相结合的原则，注重实践训练。除此之外，不能忽视基础理论对开发人才智力和实践的重要作用，也不能把能力培养当作专业技能培养，高职院校应该处理好理论与实践的内在关系，不断完善和优化实践教学内容。

　　（3）教学手段和教学方法建设。转化教学内容的主要途径是教学手段和教学方法建设，教学手段和方法也是决定教学效果的关键因素，是学生掌握知识、技能的必要前提。除此之外，高职院校必须注重先进手段和方法，利用合理的现代信息技术改革传统的教学理念、教学方法和手段等；充分、合理地利用先进的设施设备、虚拟技术，并把它们充分融入到教育过程中，进而构建高效的课程实施平台；运用各种方式培养和提升学生的创新能力及实践能力，不断创新教学模式；在建设课程的过程中，增加各类课程，比如研究型课程、自主实践型课程等，转变教学观念，由传统的以教师为主体转变为以学生为主体；在教学和管理的过程中，充分利用网络，实现资源共享，将课程资源分享到网络平台上，发挥课程资源的最大效益，带动相关课程的建设。

（4）教材建设。课程教学最主要的参考资料是教材，在课程建设的过程中，教材不可或缺。教材建设应该以人才培养为主要目标，编写的内容必须符合教学大纲和教学目标，并适当引入先进内容和方法等，形成电子版教材和文字版教材以及课程习题等教学资料，以进一步规范专业核心课程的建设，提升课程质量。

课程评价是指高职院校通过自身的发展需求以及社会的发展需求，判断课程改革力度、教师队伍建设、课程管理以及教学效果等方面的社会价值，以此满足课程建设和评价的需求，除此之外，还需要制定可行的评价指标，强化课程评价体系和检查体系，通过评审促进课程建设的发展。评价指标体系应该促进课程建设水平的提升，应该让课程建设符合人才培养目标的具体要求，并确保课程活力，增强质量意识，紧跟时代和社会的发展潮流，与时俱进，适应就业市场的变化，并满足市场需求，与此同时，课程评价还需要具备可操作性。课程评价体系不仅要注重重点评价，还需要注重全面评价，换言之，评价体系应该全面考评课程建设，并在此基础上着重评价重点评价指标；不仅要注重学生对课程建设的评价，也要注重专家对课程建设的评价；不仅要注重创新，还应该注重对常规项目的建设。

5.实践教学的内涵评价

（1）实践教学的评价内容。实践教学是在高等职业教育过程中培养学生将理论知识转化为基本技能和专业技能等综合职业技能形式多样的教学活动。实践教学包括"双师型"师资队伍建设、学生职业能力培养、实训条件建设和实践教学管理等关键要素。实践教学的质量评价体系包括国家教育行政部门组织的外部实践教学质量评价体系和院校自身开展的内部实践教学质量评价体系。实践教学评价可以有效地发现实践教学中存在的问题，并促进实践教学质量的不断提升。

高职院校与本科院校在教学上最大的区别在于教学环节中对理论教学与实践教学侧重点的把握有所不同，高职院校以培养学生职业技能和职业素养为主开展教学，本科院校以培养理论素养和创新理论知识为主开展教学。高职院校实践教学的学时比例接近总学时的一半，所以，实践教学是高等职业教育教学体系的重要组成部分，高职院校应以技术应用能力和职业素质的培养为一条主线来构建与理论教学并驾齐驱的教学体系，不但要求教师重视理论的应用性，注重加强学生实践能力的培养，还要在学校教学建设中加强实践教学的科学化设计，从制度上保障实践教学的开展，从管理上建设相应的评价机制。

由于我国高等职业教育还处于探索发展阶段，与现有相对较成熟的理论教学评价研究相比，实践教学质量评价指标研究还没有形成体系。大多数评价探讨还处于定性层面，缺少操作性，而且评价还不统一，指标缺乏层次性和信度、效度。建立高效、规范的高职实践教学质量评价体系是提高教学质量、保证教育可持续发展的需要，更是培养应用型高素质人才的需要。建立科学的实践教学评价体系，先要明确实践教学的内涵和关键要素，并从内涵建设和要素建设出发去发现问题、解决问题，从而提升实践教学的教育质量。作为与理论教学相对应的教学形式，实践教学在高职教学过程中发挥着重要作用，其内涵的界定直接决定了认识实践教学的深度，并直接影响提升实践教学的质量。

目前，实践教学内涵的典型表述主要有：第一，实践教学是高职高专教学体系的重要组成部分，是培养学生的专业技能及实践技能的重要途径，是整个教学过程的重要环节。第二，实践教学是高等职业教育培养具备综合职业能力和全面素质的、直接能在生产、建设、服务和管理第一线开展工作的技术应用型人才的关键教学环节。它包括四个方面内容：①实验课（含独立设置实验课和非独立设置实验课）；②实习（含见习、生产及专业实习、社会实践和毕业实习）；③实训（含单项技能训练和综合项目训练）；④设计（含课程设计和毕业设计论文）。第三，实践教学通常是指有计划地组织学生直接从事实际操作的一种教学活动。一般包括实验课、专业实践课、实习、课堂讨论、社会实践活动等。

上述对实践教学内涵的确定主要集中在把"实践教学"作为高等职业教育的一个关键环节来处理，同时包括需要学生动手操作，锻炼学生的职业技能等内涵要素。但这些定义对实践教学内涵的阐释均不够全面，特别是与中等职业教育的实践性教学内涵区别不大。因此，提出实践教学是在高等职业教育过程中，培养学生将理论知识转化为基本技能和专业技能等综合职业技能的形式多样的教学活动。

（2）实践教学的关键要素。明确了实践教学的内涵，要使高等职业教育培养出能下得去、留得住、用得上、干得好的应用型人才，必须要重视和加强对实践教学的提升。实践教学质量的提升需从其关键要素着手，具体而言，要把质量建设的着眼点放在提高"双师型"师资队伍建设、学生职业能力培养、实训条件建设和实践教学管理四个关键要素方面。

第一，"双师型"师资队伍建设。从高职院校现有教师队伍构成来看，既有来自普通高校的，又有来自行业、企业的；既有侧重专业理论教学的，又有侧重专业技能教学的。从教师个体来看，既要有较高的专业知识水平，又要有较强的专业技能，并能逐步向讲师工程师、讲师技师等复合方向发展。"双师型"师资队伍水平的高低将直接影响实践教学环节的教学质量。提升"双师型"师资队伍总体水平主要通过由紧密合作企业计划安排、向社会定期发布兼职教师招聘信息、建立兼职教师补贴制度、建立兼职教师库等措施吸引企业一线专业技术人才、能工巧匠担任兼职教师参与教学工作；培养、选拔和引进（聘用）技术服务能力强、行业企业影响力较大的专业带头人，逐步建成与企业联系紧密、规模稳定、人员流动、水平较高的专兼结合的双师结构教学团队。

第二，培养学生的职业能力。整合职业能力观认为实践教学应该把提升素质和应用能力联系在一起，并把综合能力和个体的角色联系起来。职业能力是指个体在工作中表现出的知识素养、技能水平和教学态度。一方面，整合职业能力观在理解能力的过程中认为，应该辩证地看待个体的一般素养和职业能力的具体表现，并且，巧妙地将两者融合起来。另一方面，整合职业能力和一定的角色相关，所以，可以通过观察判断具体的操作表现，并依据操作表现判断职业能力水平。另外，构建能力的重要因素还包括态度，个人态度中包含了个人情感和价值等重要的人文因素，近年来，其越来越受欢迎。如果只是把学生的职业能力单纯地割裂开来看，已经无法适应高职院校的人才培养需求，因此，高职院校必须先整合学生的职业能力，然后再进行培养，进而促进学生的全面发展。在整合职业能力观的指导下，学生职业能力培养应当是一项系统有机的过程，必须将职业能力贯穿在实践教育的全过程中，而不能片面或者分段式地将职业能力人为地进行割裂。只有将各种形式的能力有机整合，才能形成学生今后就业所需要的职业能力。

第三，建设实训条件。建设实训条件，最主要的是建设校内的实训室、实训基地及校外的实训基地，高职院校应该以专业建设为建设目标，配备符合需求的实训室和实训基地，根据校企合作的模式落实设计方案，并进一步完善实践教学体系，由企业为高职院校配备技术、设备和管理等，满足基地建设和发展的具体要求，不断地推进教学改革的实践，增强高职院校的办学质量和办学水平。

第四，管理实践教学。从实践教学管理机制出发，全面管理实践教学的各个环节。具体来讲，包含以下两个方面的内容：首先，管理正常的实践教学；其次，管理实践教学质量。

综上所述，实践教学的质量高低直接影响教学水平。确保实践教学质量的重要途径是教学评价，依据实践教学评价发现问题、解决问题；确保实践教学质量和水平不断提升，进一步形成良性循环，另外，如何运用实践教学评价是提升实践教学质量的关键。

（3）实践教学质量评价体系。实践教学不同于理论教学，它有其自身的内涵和要求。因此，实践教学评价也不同于理论教学评价，它应建立有别于理论教学评价的独立评价体系。按照评价主体的不同可以将实践教学评价体系分为外部评价体系和内部评价体系。外部评价体系的主体是国家教育行政部门，内部评价体系的主体是学院自身。

第一，外部评价体系。外部评价体系主要是由国家教育行政部门制定评审指标体系、评审程序、组织评审专家等对高职院校实践教学质量进行评价，从而提升学院的实践教学质量。实践教学是高职院校区别于本科院校的本质所在，其重要程度不言而喻。按照第二轮评估中"实践教学"指标的规定，评价的具体内容包括五个方面：①顶岗实习。重点考察顶岗实习覆盖率，要求顶岗实习的时间不得少于半年；②实践教学课程体系设计。实践教学课程必须纳入课程体系之中，实践类课程必须达到50%以上，必须有行业、企业人员参与教学方案设计；③教学管理。必须建立校内实训、校外实习、顶岗实习方面的完备的管理制度，并由校内实训、校外实习指导教师和政治辅导员监督实施；④实践教学条件。校内外实习实训基地能够满足教学计划的安排，且有经费保障，使行业、企业参与实践教学条件的建设；⑤双证书获取。取得相应专业的职业资格证书，获取率达毕业生的80%以上。

第二，内部评价体系。院校以国家教育相关部门开展的外部评估为基础，不断实践自身的内部评价体系，全方位评价实践教学的内部体系，具体包括管理机制、质量评价标准及运行制度等，另外，实践教学的内部评价体系是高职院校完善和实践教学的重要依据，可以帮助院校提升实践教学质量。实践教学体系指实践教学的具体内容，换言之，院校在制订教学计划时，以培养专业人才为目标，通过合理的教学环节以及课程设置建立教学体系，其中，实践教学环节主要包含实验实训、课程设计、实习以及社会实践等。另外，教学计划和理论教学体系相辅相成。

一是，实践教学目标：根据专业人才培养目标，培养和提升学生的职业素养、职业发展能力及岗位技能等综合实力，并将这一核心内容融入教学中，在构建实践课程体系的过程中，需要掌握的核心技能是专业对口的岗位技能以及对应的职业资格证书，以"双证书"为前提，提升教学水平和质量。

二是，实践教学内容：这是实践教学目标的具体体现，是将职业技能贯穿于实践教学环节的实验、实习、实训、课程设计、顶岗实习、社会实践之中，构建以核心技能为主体，按基础技能、专业技能和核心技能层次实现实践教学全过程的具体形式。基础技能是指学生在进行实践学习的初期必须掌握的基本操作能力。专业技能是指在进行实践学习的中期，在基础技能平台上搭建的本专业的专项操作能力。核心技能是指在进行实践学习的后期，在熟练掌握专业技能的前提下区别于其他专业的关键操作能力。

三是，实践教学管理：根据校内外的实践要求和规章制度，实训管理机构全面管理实践实训基地和相关指导教师，进一步保证理论与实践的有机融合，进而高效、有序地完成教学任务，全面提升教学质量。

四是，实践教学保障：保障教学是落实高职院校人才培养目标的必要前提，同时也是缓解就业压力的必然选择，更是高职院校开放教学的必然需求。保障教学实践需要先进的技术和设施设备、良好的学习环境和优质的师资队伍，因此，保障实践教学需要具备一线技术过硬的教师团队，需要先进的技术以及设备，还需要实践教学质量监控体系。

总之，高职院校在建设内部评价体系的过程中应该从实际出发，设定合理的参考标准，这个标准可以是描述性指标，也可以是量化性指标，切记不要脱离实际，一味地提升或降低评价标准。在评价的过程中，高职院校可以将五年规划作为发展依据，对实践教学活动中的目标、管理、内容等方面重点评价，并不断优化和提升自身的实践教学能力。

6. 教学评价的组织实施

（1）提出申请。通过办学条件评价的专业，向经过本院的教学内涵评价机构申请，通常是向本院的教学指导委员会申请，教学指导委员会根据专业的特点决定拟邀请的外部专家结构和比例。

（2）自我评价。专业负责人在依据同意评价的书面决定后，首先应当根据专业质量评价体系方案的各项指标，逐一对照检验所负责专业应处于哪种状态或是否达到了相应的水平，并得出相应的分值，整理出相应分值的佐证材料后提供给教学指导委员。

（3）书面评价。教学指导委员会根据专业自评的得分和提供的佐证材料进行书面评价和审核，对该专业的各项指标予以相应的审查。根据实际情况确定具体的实地考察时间、地点，为实地考察做好准备工作。

（4）实地考察。根据书面评价的情况，教学指导委员会组织包括外部专家在内的全体成员，确定实地考察的重点内容和关键指标，可以采用听取专业汇报、听课、访谈、参观实习实训等教学设施、问卷调查等方式来考察。

（5）评价结论。现场评价结束后一个月内，应当给出初步评价的具体分值及打分所依据的佐证材料，并与评价专业人员进行沟通，对评价内容有异议的部分予以明确，确保评价的公平和公正。现场评价后的两个月内公布评价实际得分和打分所依据的佐证材料。

二、职业教育质量的保障体系

"高职院校的教学质量高低问题一直是社会关注的热点"。从宏观上来看，职业教育质量保障体系应是以政府宏观管理、学校自我保证、中介评估服务、社会需求调控为基本框架的全方位的保障体系。在此仅就"学校自我保证"进行职业院校内部质量保障体系的研究。

第一，质量过程需要经过产生、形成和发展的过程。具体来讲，研究市场、明确培养目标、课程设计和教学内容教学设计、准备教材与设施、教学采购、实施教育教学、检测和就业指导等方式是构成教育质量形成全过程的各个环节，这些环节相互影响、相互作用，最终形成了一个链状循环系统，同时，以上环节的作用发挥，便逐渐形成了教育质量。

第二，围绕需求变化的中心来不断改进和提高质量。教育质量形成的各个环节主要服务于社会要求素质和能力的提高，是一个循环的过程，持续地进行这个循环过程，就会提高教育质量。因为，社会需求和求学者的需求处于动态发展的过程中，为此，教育质量也必须进行自我的持续性提升和改进，只有这样才能不断满足社会需求。

第三，每一个环节都决定了质量的形成。质量系统目标的实现依赖于各个环节的质量保证和各个环节的协调性。这是因为，多个前过程的结果可能就是后一个过程的输入，比如，专业技能、专业理论、中文和基础英语等都是专业英语课程的输入；同时，多个后过程的输入可能是前过程的输出，比如，课程设计、教材编写及采购、设备设施采购、课堂教学、教学评价等过程的输入集中表现为教学计划。系统中的任意节点改变，都会带来整个结构的变化。

第四，质量形成过程具有突出的开放性特点。社会环境对教育质量形成过程具有直接影响力，以上螺旋曲线中的三个环节与学校外部保持着密切关联：供应方与教材、教学设备的采购环节直接相关，用人单位等顾客群与学校就业环节直接相关，社会、教育市场与市场研究直接相关。此外，教育教学过程还与学生直接相关。所以，学校内部行为并不是教育质量形成的唯一成因，其本质是一个开放性的系统工程，这一属性也直接决定了教育质量管理的系统性。

第五，质量形成的最根本的影响因素是人。在教育质量形成的全过程中，每一个环节都要靠人去完成，人的素质以及对人的管理是过程质量乃至产品质量的基本保证。所以，质量管理必须重视人的因素。在教育过程中，每一个环节都要靠教职员工去实施，许多环节还需要教育的对象——学生的能动作用，没有学生的积极参与和配合，任何教育过程都是难以奏效的。因此，教育服务过程比其他任何行业的生产服务过程都更加强调学生的作用（无论是教育者还是受教育者）——人是教育质量形成的最根本的影响因素。

总而言之，教育服务过程的各个环节（过程）以教育的目标——人的素质与能力为中心，构成了一个教育质量螺旋上升的系统，而这种教育质量的提升是与有效的质量保障体系紧密联系的。通过质量保障体系将教育过程的全部活动都纳入统一规范的管理轨道，就能确保教育目标的实现和教育质量的提高。

（一）教育质量保障体系的特征

教育质量保障体系是一种确保教育质量达到规定要求的体系，它以质量管理体系为核心，通过组织保障、资源保障、制度保障、监控保障等形成特定的运行机制，从而达到质量目标。学校教育质量保障体系一般有如下特征：

第一，全面性。质量保障涉及组织的方方面面，从发展战略到管理理念，从质量策划到资源提供，从规章制度到监督检查，从最高领导到教职员工，从教学质量本身到与其相关的所有工作。质量保障体系必须将各方面的因素进行全方位的组合，对影响质量的各种因素进行全面的控制。

第二，全过程性。质量是整个学校活动的结果，有一个逐步形成的过程。质量保障则涉及这种最终质量形成的全过程。因而它要求对质量形成的每一个环节都加强管理，只有每一个环节都能按照目标质量的标准达到要求，才能形成过硬的教育教学质量。

第三，全员性。全员性即质量保障涉及的人员是全面的。质量的高低既然是一所学校活动全过程的综合结果，那么它必然涉及学校的所有部门和全体教职员工。质量保障活动是以人为主体的活动，即充分发挥人的因素在质量形成过程中的作用，还依靠全体人员的努力，保证提高质量。

第四，系统性。质量保障体系是由若干个有关的要素相互联系、相互制约而形成的一个有机整体。它以文件为基础，通过一系列管理体系文件将各部门、各环节的质量活动严密地组织起来，从而形成一个相互联系、相互促进、相互协调的有机整体，使质量保障工作制度化、系统化和程序化。

第五，动态性。质量保障体系是一个动态的体系，需要不断地、持续地改进。由于组织在认识、技术等方面的局限，其质量保障体系不可能是完美的存在；随着客观条件的改变和学校发展的需要，质量保障体系也需要不断地改进和调整，以适应社会发展和市场变化，保证教育质量管理的有效性。

（二）职业院校教育质量保障体系的重要因素

在质量保障体系运行过程中，基本要素之间相互影响、相互制约。以职业教育院校的实际为依据，质量保障体系的基本要素主要涉及组织要素、过程要素、资源要素、监测要素四个因素。

第一，组织要素，如文件体系、规章制度和组织机构等。质量管理体系中的组织机构与学校的行政管理机构存在本质区别，是质量管理体系作用有序、高效发挥的重要保障和重要支撑，其构成通常涉及教育服务职能部门（如教学部门、学工部门、服务部门）、质量管理专职机构（如质量管理处、教育督导室等）和校级教育质量管理委员会（或领导机构）等。规章制度是关于质量管理的各种制度的总和，作为形成质量保障体系运行机制的基础，它对质量工作的流程、职能、标准和方法等予以明确规定。文件体系是从文件形式方面来对质量保障体系的呈现，作为质量管理工作进展和对质量保证能力进行评估的依据，它以文件形式明确规定了各种组织关系、工作流程、运行模式、规章制度等。

第二，过程要素。各个过程相互影响、相互制约，才能有一所学校的高效运行。站在职业院校教育服务的内容维度来看，过程的完整性必须涵盖教育、教学、管理和服务四个环节。倘若以学校教育质量的形成来看学校过程的本质就是围绕人的能力与素养核心来展开的持续性循环。在管理过程中，质量会形成一个完整链条，而构成这一链条的各个过程之间也存在着相互影响的关联。同时，各个过程的质量保证和各个过程的协调关系也直接决定了学校教育服务的整体质量，所以保障各个过程的有序化对于最终质量的保障具有重要意义。这也就意味着，在质量管理体系的建设过程中，必须囊括教育过程网络的各个环节，并对其进行全过程的管理。

第三，资源要素。工作环境、基础设施、人力资源、信息等都是资源要素的重要构成，同时也是学校教育服务得以开展的重要条件，也可以被等同于教育服务过程的输入，换句话来讲，输出的整体质量很大程度上取决于输入质量的整体水平。人力资源是教育资源的重要组成部分，其构成主要涉及服务人员、教学人员和管理人员等。此外，工作环境因素也应当成为资源要素中的重点，因为，教育活动的开展过程本质上来讲就是教、学关系双方良性互动的过程，所以，学校教育除了要将具体的知识技能传授给学生，以锻炼学生的专业技术能力外，还必须从环境层面保障他们的学习和成长，以更好地实现学生"成材"又"成人"的目标。从这个角度来讲，工作环境因素是以学校文化为代表的良好精神文化环境（如校风、学风）和有助于学生学习与生活的物质环境的统一体。

第四，监测要素。监控、测量、分析和优化教育服务过程和质量管理体系，以验证学校教育服务合理性、保证质量管理体系与要求的契合度，从而不断改进质量管理体系有效性的过程，就是监测。学校监测要素有内部和外部之分，内部监测是学校实现自我控制的途径，学校的全部活动过程是质量监控的主要对象，监控重点在于教育教学过程。制定监视与测量标准是监测要素中最为重要的监测工具，而学校的质量观念和评价观念等对于该标准的制定具有决定性作用。

（三）构建职业院校教育质量保障体系的理论

构建职业院校质量保障体系的理论基础是：全面质量管理理念与意识；ISO9000质量管理体系的基本原理及思路以及高职高专教育人才培养水平评估的思想与方法。

1. 全面质量管理理念与意识

全面质量管理（TQM）起源于20世纪60年代的美国，最初应用于工业，后来从工业部门扩展到建筑业、交通邮电业、商业、服务业等众多领域，得到许多国家的重视和运用，并在日本取得了举世瞩目的成功。全面质量管理是一个组织以质量为中心，以全员参与为基础，以最经济的方式让顾客、社会和组织所有成员满意的一种质量管理模式。

在全面质量管理的认知中，质量是一个全面的、综合的概念，质量管理的内容不仅是最终产品本身的质量，还包括与产品质量有关的工序质量和工作质量，要综合考虑质量、价格、交货期和服务，等等；质量有一个产生、形成和实现的过程，是整个组织活动的成果，质量管理必须对质量形成的每一个环节都加强管理，以预防为主，通过各个环节的作用，使质量螺旋上升。

全面质量管理的特点表现为全面、全过程的质量管理；全员、全组织的质量管理，使质量管理成为全体员工的内在需求；综合运用多种方法和手段进行管理，强调以最小的成本投入获得最优化的效益和效率。全面质量管理的精髓就在于按照上述指导思想，建立健全质量管理体系。

2.ISO9000 质量管理体系的基本原理及思路

ISO9000 质量管理体系是国际标准化组织颁布的关于质量管理领域的国际标准，称为 ISO9000 族标准。ISO9000 族标准，汲取了包括全面质量管理在内的先进质量管理的思路，体现了一种管理哲学，为人们建立健全质量管理体系提供了一系列规范的标准和程序、方法及模式。在学校教育中应用 ISO9000 基本原理及思路，不仅可以适应教育国际化的需要，而且更重要的是能够促进学校管理的科学化、规范化，有助于全面改善管理，提高教育质量。

3.高职高专教育人才培养水平评估的思想与方法

高职高专教育人才培养水平评估是教育部为了保证和提高高职高专教育质量而进行的一种教育评估，该评估体系是在总结近年来高职高专教育经验的基础上提出的，具有系统性和权威性。随着高职高专教育人才培养和水平评估的全面展开，该评估体系将成为高职高专教育成熟的管理规范。所以，人们构建职业教育质量保障体系时，必须将该评估体系的思想与方法贯穿其中，并做到相互贯通。

（四）构建职业院校质量保障体系的具体原则

职业教育的培养目标在于培养服务于社会生产、建设、管理和服务一线的专业技术人才，同时职业院校教育质量保障体系在构成要素、结构、质量目标和标准等方面的特征也取决于培养目标。所以，职业院校质量保障体系的构建应当遵循以下原则：

第一，以能力为根本。作为职业教育的基本特征，能力本位的基本原则也是质量保障体系得以建立的根本出发点。在这一原则指导下，学校必须坚定使职业能力需要得到最大化满足的质量目标，严格遵守职业岗位要求的质量标准,在质量保障体系的构建过程中始终凸显培养职业能力的中心地位。比如,除了要提高监控理论教学过程的重视程度,还需要在质量监控过程中提高监控实践教学的重视程度;除了要关注学生掌握知识的整体情况,还要关注学校教学评价、社会评价,尤其是来自用人单位的评价。

第二,以就业为导向。本质上来讲,就业导向就是要以顾客需求为导向,这就需要学校基于学生的就业要求、社会的用人需求来设计和实施教育教学过程。以这一原则为指导,职业教育质量管理体系带有鲜明的就业服务特征,比如人才培养需要符合用人单位的实际要求,质量管理体系和学校教育服务内容应当涵盖招生服务、就业指导和就业推荐等具体事项。

第三,以过程控制为重点。一方面,教育质量的形成过程(也可以说是教育服务系统的完整过程)通常包括四个环节,其一是制订专业计划、设计课程体系和课程内容;其二是理论教学和实践教学的过程,其三是教学情况反馈,如检查、考核等,其四是社会综合反馈,要想实现教育质量整体水平的提升,需要对上述各个环节进行合理控制。另一方面,培养学生的职业能力是职业教育的重点,但培养质量却无法像义务教育那样用考试的方式来衡量,所以,职业教育质量保障应当以过程控制为前提。

第四,有机结合内部质量管理与外部监控。倘若职业院校的办学宗旨在于服务经济建设需要和满足社会需求,那它一定带有鲜明的产学融合应用属性,这种属性也决定了社会和用人单位的评价将对职业院校的整体教育质量起到决定性作用。所以,学校外部监控对于质量保障体系的建设至关重要,也就是说,职业院校的质量保障体系具有明显的开放性,社会(包括产学合作企业)的参与应当在社会监控,特别是直接影响教学效果的部分监控点(比如存在于产学合作中的学生实习评价、职业能力的反映介质——职业资格证书的获取等)在其中始终发挥重要作用。

(五)职业教育质量保障体系的整体内部结构

以质量保障体系的一般特征为依据,职业院校教育质量管理的构成主要涉及高层管理过程、资源管理过程、提供教育服务的过程以及监视与测量过程四个过程,同时,职业院校内部质量保障体系的四个子系统——组织管理系统、资源管理系统、过程管理系统和质量监测系统也由以上四个过程所决定，以下分别阐述具体内容：

1. 组织管理系统

管理机构、管理职责和运行机制是构成组织管理系统的三大部分，其根本任务在于从组织层面保障质量管理。其管理职责是制定学校质量方针和质量目标，确定各部门、各岗位的质量职责以及彼此之间的相互关系。运行机制的实现需要结合管理职责和诸多相关的规章制度、工作方式。总之，组织管理系统的机构和职能分配应当适应学校质量方针、质量目标和质量管理体系的要求，只有保障关系清晰、授权充分和权责分明，才能快速应对、有效沟通和及时处理质量问题。"高层的管理过程"是表现组织管理系统职能的重要途径。

2. 资源管理系统

资源管理是为了保障学校现有和应当拥有资源的作用得到正常发挥，而组织、协调、控制和改进资源的过程。通常来讲，实现输入过程向输出过程的转化有助于价值提升。倘若已经使用过人、财、物、信息、环境等资源，再对其进行过程转换，就会实现输出价值高于输入的全部资源价值之和的效果，否则，就会让过程的意义荡然无存。所以，必须严格控制过程和管理过程的输入，也就是资源管理。本质上来讲，资源管理系统的任务在于充分保障学校教育服务的进程和教育质量。总之，教师管理在资源管理中发挥着关键性作用，这是因为教师的知识、品格、能力、素养、态度和教学方法的使用等将直接决定学校教育服务的整体水平。同时，对教师的授课过程的验证很难通过后续的监视或测量来实现，必须通过教师的态度、能力和资格来实现。

3. 过程管理系统

过程管理系统的管理对象是教育服务的提供过程，设计和提供教育服务的过程是教育质量的重要保障，所以，若想实现教育质量的显著提高，就需要严格管理过程，而这一举措的首要前提便是分析顾客的需求，同时也体现了设计和开发教育服务的基本任务。

设计和开发教育服务主要由专业与教学设计、教学内容与教学方式设计以及服务设计等构成，其中专业与课程设计的地位最为主要，更对教育质量特性的形成发挥着基础性作用。由此可见，过程管理对于质量的重要保障效能。

教育教学实施系统、职能管理系统是构成过程管理系统的重要元素，其中，以教学督导部门、教务部门等为主的职能管理系统对过程的管理主要通过计划和检查等方式实现，而以辅导员、教师、教研室、教学系等为主的教育教学实施系统对过程的管理主要通过检查（包括自检）教育教学工作流程、内容和方式等来实现。构成过程管理的主要内容包括对学校应有过程的系统识别、对每个过程的具体识别（比如输入、输出过程和活动，以及各项活动的资源需求）、对各个过程之间联系和相互作用的识别和确定（比如课程教学成效的影响因素主要包括课程教学本身、教学规划、先行课程等，所以对于上述关系的确定应当成为过程分析的重要保障）、管理过程之间的相互作用（比如对各个过程的职责、权限加以明确，在相互作用中通过各个过程的沟通，以及管理过程使用资源）。过程管理的方法对高层管理过程、资源管理过程和监视与测量过程具有同等适用性。

4. 质量监控系统

质量监控就是有目的地对教育教学质量系统进行评价、监督和施加作用，使教育教学质量达到预期目标。职业教育质量监控的突出特征是其职业性，即以满足顾客（学生、家长、国家、社会、用人单位等）需求为标准，以职业能力为核心。质量监控的对象是本体系中的其他三部分——管理组织、教育资源、教育实施。管理组织的监控包括办学方针、发展战略、管理制度、管理人员等。教育资源的监控主要包括教师队伍建设、教材与图书资料保证、教学设施及后勤服务的保证、教育教学环境等。教育实施的监控包括专业教学设计、实施和考核过程的监控，学生教育、管理实施过程的监控等。

第二节　海南教育体制改革与创新研究

海南高校改革的试点工作主要改革措施是：在定编的基础上实行全员聘任制，人员实行优化组合和适当分流；分配制度实行国家工资与校内津贴相结合，根据工作量和贡献大小，适当拉开距离；同时开展后勤体制改革，采取小机关、大服务的做法，实行多种形式的承包责任制度，由单纯服务型向服务经营型转变。"现代职业教育取得了显著的发展成果，但仍旧存在很多问题亟待解决"。海南教育体制改革与创新研究势在必行。

一、海南教育后勤体制的改革与创新

第一，转制顺利，过渡平稳，为高校扩大办学规模提供后勤保障。学校后勤服务经营人员、相应资源及操作运行成建立地从学校行政管理系统中规范分离出来，按照现代企业制度要求组成自主经营、独立核算、自负盈亏的服务经营机构——高校后勤服务中心，实行服务经营。

第二，改革人事、分配制度。按照企业的用工制度要求，建立了按照绩效为主的新型工资结构；根据岗位条件、技术程度、管理范围、承包指标等因素设立岗级，与岗位工资对应；建立岗级浮动制度，实行岗变薪变。转制后，高校后勤服务中心遵循办学规律，在坚持"三服务、两育人"的宗旨下，按企业管理模式，按市场经济规律，初步建立一套行之有效的规章制度，用制度管理人才，用激励机制激发后勤广大干部职工的积极性，为后勤服务经营工作带来生机与活力，不断提高服务质量和服务水平，提高社会效益和经济效益，增强了学校办学的后勤保障功能。

第三，后勤服务集团（公司）法人代表总经理在经营活动中就要对后勤国有资产负有保值或增值的责任，不可让其流失，否则将依法追究责任。当然，对于服务性后勤资产而言，宜采用托管的形式管理，后勤服务集团（公

司）对此只承担管理和不流失责任。实现高校后勤社会化改革的终极目标，必然要求高校后勤实体真正成为产权明晰、责权分明、政企分开、管理科学的规范完整的企业法人实体。吸引社会各方面的资金、资产，多方投资办后勤，壮大后勤实力。资产评估，确立产权、责权关系后，可发动后勤职工入股参与服务经营，有利于后勤服务集团（公司）发展。

第四，建立监督、考核的制约机制，促进后勤实体服务经营行为规范。许多高校实行甲、乙方契约关系的管理模式，甲方为学校行政管理部门（后勤管理处），乙方为后勤经济实体。通过明确甲乙双方关系及其职责范围，建立起监督、考核的指标体系，细化、量化标准和定额，使合同契约关系的管理模式有序进行，从而保证后勤实体的服务经营高标准。也使甲方的行政管理部门在行使监督、考核职能时有章可循的。学校对后勤保障工作的费用开支，由行政拨款改为有偿服务，收取服务费用。后勤实体对学校教学、科研、师生员工生活等方面的服务，非经营性质的，一律采取有偿服务方式收取服务费。服务收费标准按服务水平、服务质量标准给予相应报酬，考核、验收不合格则返工或扣罚酬金。

第五，全力支持学校后勤深化改革，早日实现后勤管理社会化。海南高校后勤管理经过多年的转制实践，已摸索和积累了一定的企业化管理经验，需进一步深化改革。早日实现后勤社会化已成为后勤广大干部职工的强烈愿望和要求。同时，海南高校后勤社会化改革要靠广大师生员工的支持，依靠学校的积极引导和帮助，特别是由于海南高校建校时间不长，后勤基础建设能力还比较薄弱，需要学校在财力物力等方面给予足够的支持，以及地方政府主导，出台优惠政策给予扶持。

二、海南基础教育体制的改革与创新

（一）建立健全的教育督导评估制度

海南省政府建立教育督导评估制度，对全省各市、县（区）政府的教育工作进行督导评估。在考核政绩、评选先进、专项拨款时，对地方政府的教育督导评估结果将作为重要依据。海南省教育督导评估指标设4个等级：优秀、良好、合格、不合格，主要从领导职责、教育经费投入与管理、教师队伍建设、办学条件、教育管理与事业发展等五个方面进行督导评估。

在督导评估过程中，凡截留、克扣、挪用上级下拨的教育专项经费或学校按规定收取的学杂费；上级下拨的农村税费改革转移支付资金未按省定的比例拨付用于教育，城市教育费附加未全额拨付用于教育的；当年有新拖欠教师工资的；因领导或管理责任的原因，造成学校师生重大安全事故的，一律评为"不合格"，且市、县（区），省政府责令限期整改，在全省通报批评。

另外，对未按规定时间完成学校危房改造任务的，或是未按省核定的预算内生均公用经费拨款标准核拨公用经费的市、县（区），将不能被评为"优秀"。评估结果将作为考核市、县（区）政府及主要领导和分管领导政绩的重要内容；同时向社会公布，接受群众监督。对被评为"优秀"等次的市、县（区），省政府将予以通报表扬，并将所评等级作为有关项目立项、专项拨款、表彰奖励等方面的重要依据；对连续2次被评为"优秀"等级的，授予"教育工作先进市、县（区）"称号。对各市、县（区）政府教育工作的督导评估，原则上在市、县（区）政府每届任期内开展2次。

（二）加快基础教育管理体制的改革

随着近些年市场经济体制改革的深化，海南进一步加大办学体制改革的力度，推行办学主体多元化、办学形式多样化。社会办学成为全省办学的必要补充和重要组成部分。海南省教育主管部门组织民办学校开展教学经验交流，组织教学观摩，交流办学情况，共同做好制度管理教育评估，保证了民办学校的健康发展。海南省在适应市场经济发展的需要的基础上，主要兴办若干所私立大学，形成公办大学和私立大学互相竞争、互相促进、共同发展的良好局面。新办私立大学采用股份制的方式，实行投资多元化，从而有利于学校决策的民主化和科学化，保障学校的健康发展。私立大学实行董事会管理，校长由董事会聘任，对董事会负责；副校长由校长聘任，对校长负责，建立起学校自主办学、自我发展的新的办学规章制度。

(三)基础教育进行信息化体制改革与创新

信息化同样要从基础开始。海南省政府很早就积极响应中央政府的号召,积极为信息化工程筹划并实施。为加快海南省基础教育改革与发展,教育体制改革与创新的实质是教育资源的重新配置与调整,确保受教育权的公平性。

总而言之,教育主要依托的是教育专家,而非教育官员。教育体制的改革与创新必须调动教育专家爱教、专教的积极性和创造性。并且必须组织专家研究个人的健康成长规律,尤其是个人在成长过程中如何处理知与识的关系,有针对性地培养出国家、民族和社会所需求的有用之才。教师必须研究人才成长规律与教育规律,以及教学过程中如何实施人才教育。教育体制的改革与创新中非常重要的环节是建立教师保障体制,让一批致力教育的人员能安心、放心教育事业。

第三章 职业教育质量保障体系运行机制

第一节 职业教育外部质量保障体系建设

当前我国高等职业教育发展将面临很多新任务,"现代职业教育体系建设要求高职教育要转变发展方式,实现与现代产业发展的有效对接,在人才培养上能够体现经济社会发展对技术技能型人才的需要"。同时,要提高等职业教育有新的定位,促进与其他类型和层次的职业教育协调发展。当前,高等职业教育需要有更优化的结构来适应新的变革。要实现这些任务目标,外部质量保障也需要有新的策略。

一、需要适应现代职业教育的发展要求

为了与现代社会经济发展需要相适应,现代职业教育体系的建立要符合时代性特征。这里的时代性主要是指能够与现代产业结构和经济发展相协调,能够体现出广阔的影响力和中国特色。高等职业教育要想得到外部的高质量发展保障,就需要紧跟现代性的发展目标,外部保障也要适应现代职业教育发展的内在和外在需求,及时转变发展思路和发展战略,在发展方式方法上寻求突破和创新,在发展内容上更符合现代性要求,用全方位多角度的保障方式促进职业教育的高速发展,形成具有中国特色的职业发展教育模式。

(一)质量保障体系适应外部发展需求

总体说来,现代职业教育体系建设的总体要求主要有三个方面:一是要具有外部适应性,要能够和现代经济社会发展水平和产业结构相契合,要同现代市场经济制度相适应;二是要具有内部适应性,现代职业教育体系要能够将中等职业教育与高等职业教育有机结合,并且要将职业教育融入到其他教育方式中,建立起终身教育的教育理念和教育体系;三是要有国际领先性,随着我国经济的进一步快速发展以及经济发展方式的不断变化,职业教育体系也要适应社会发展现状,能够解决我国教育体系中存在的问题,形成有中国特色的职业教育体系。上述三个要求体现了我国职业教育体系应当具有的基本框架。

高等职业教育的外部适应性特征跟国家的经济发展水平密切相关,教育院校在专业设置的时候要考虑到专业的外部适应性,使专业更具有实用性和合理性,符合经济社会发展水平和产业结构发展需要。我国的职业教育外部保障体系经过多年的实践经验积累和不断发展建设,也建立了相对完整的外部保障体系,但是不可否认地是当前的外部保障体系在创新性和开放性上还存在欠缺。因此,要想使现代职业教育体系得到更好的发展,就需要更具有国际性开放视野,主动在保障形式上建立国际化保障体系,创新保障模式,发展开放性保障体系。

(二)质量保障体系促进教育协调发展

外部质量保障体系在建设过程中如果想要实现促进职业教育协调发展的功能,就需要更具针对性。针对职业教育不同的类型、层次等,有针对性地进行课程设计,能够在课程内容、教学方法和实践内容等方面促进职业教育的进一步发展。在培养人才方面,要始终做到用统一而持续的标准去培养人才,确保人才培养质量,要善于利用数据分析、教育分析等方式评估和改进人才教育培养体系,实现人才培养的高质量发展。同时,还要确保外部质量保障体系与其他保障手段实现有效连接,打破各部门、各阶层的壁垒和限制,这样才能在整体上促进外部保障体系的高效有序发展。

二、完善省级第三方外部质量保障体系

第三方外部评价体系是对职业教育进行评价的重要途径，当前的第三方外部保障体系已经发展成熟且被广泛应用，是目前市场上普遍使用和接受的方式。第三方表面看来是不相关的独立主体，但实际上是具有专业性和独立性的外部保障有效实施主体。

（一）以第三方机构建设彰显独立性价值

对第三方机构的建设，能够保障外部质量体系建设，实现组织框架的独立性。第三方机构其实就是原来的"中介"的概念，这一概念不是起源于我国，但国际上的很多国家都有大学自主和自由的传统，为了实现教育管理过程中国家与学校的协调统一，双方一致认为需要一个独立的第三方，第三方能够缓解学校与国家之间的冲突、矛盾，能够作为一个缓冲领域，能够起到调节各方关系、舒缓双方压力的作用。国外比较成熟的第三方质量保障模式都具备独立性特征，第三方在政府与学校之间搭建起了独立的第三方服务平台，既能够促进学校提升教学质量，也能够促进政府转变职能和观念，促进教育的发展，同时还能起到促进二者沟通交流的作用，应当说在第三方起到了很重要的作用、

对于外部质量保障体系而言，第三方评估机构的发展与完善至关重要，纵观国际外部质量保障体系的发展历程，整个组织体系建设是第三方评估机构建设的关键，也是先于制度建设和标准建设的基础性建设，是外部质量保障体系建设的基础性保障。从一定角度而言，第三方评估机构的建设理念其实就是外部保障体系理念的体现。整个组织体系的发展理念其实就是通过改进组织中人与人之间的关系，从而实现提高生产效率和提升工作效率的目标，是同一价值理念、方式方法的体现。由此可见，第三方评估机构的发展能够改变原来以政府为主导的管理理念，是外部保障体系的发展趋势。

我国的第三方机构建设主要体现的是中立性价值和独立性价值。具体说来，独立性主要是指对价值判断、利益取舍等方面，能够做到居中中立，

不偏不倚，这与高等教育外部质量保障体系的价值理念不谋而合。此外，第三方评估机构不仅具有独立性和公正性的优势，还具有公众性的特征，可以让社会多方参与到其中，起到理念共享的作用，能够处理好多方面的利益诉求关系，在协调价值理念的过程中可以综合政府、学校、家长、学生、企业等多方面的意见建议，最终输出大多数人都能接受的第三方价值标准。

（二）以"专业化"建设第三方机构的公信力

专业化特征属于社会学研究的范围，所谓的外部质量保障机构的专业化就是要通过体系建设使得第三方机构这一群体都符合专业化标准，具有专业的社会地位和社会价值。

根据国外的外部质量保障机制建设经验，由专业机构参与第三方评估是具有公信力和合法性的主要方式。专业性第三方机构通常具有专业的评价标准体系和评价规则，能够保障外部评价体系的专业性和准确性。这里的专业性主要体现在以下几个方面：一是评估者自身具有专业的评价资格，能够获取专业评价资格；二是整个评价者群体通过行业协会等方式能够使整个评价群体更具有专业性和公正性。

第三方评价主体的个体和群体性特征，使得整个评估组织更具专业性。随着第三方评价机制的不断完善，我国相应的制度建设也取得了很大进步，比如《关于推进第三方组织评估工作的指导意见》和《全国性第三方组织评估实施办法》的下发就为第三方评估机制提供制度依据，但这些制度依据总体说来只具有方向性和指导性，具体如何操作以及如何实现第三方评价机制的专业化还需要各第三方机构和外部保障体系不断自我探索。总之，为保证外部质量保障体系的高效发展，第三方评估机构必须不断提升自身专业化水平，才能与经济社会发展现状相适应，才不会被其他机构所取代，才能够发挥更重要的作用。

三、构建专业认证的人才质量保障体系

(一)专业评估保障职业教育的人才质量

在专业设置上,职业院校与普通高校不一样,职业院校的专业都具有地方特色,这也就要求在评估职业院校的专业时,要与普通本科院校的管理模式相区别,要有针对性地进行教学质量评估,促进职业院校人才培养和专业建设,这对整个院校评估都至关重要。

随着近年来职业教育的发展和完善,职业院校在专业建设上也对标普通本科院校的双一流建设要求,提出建设一流职业教育的建设目标。这是我国职业教育发展的新要求和新境界,这一目标归根结底还是要努力争求培养一流人才,这既是建设一流职业教育的根本要求,也是职业教育得以长期发展的根本所在。而建设专业性评估体系就是保证职业教育能够培养出一流的人才,真正发挥职业教育的育人作用,让外部质量保障体系保证职业教育的教育质量,保证学生专业学习的学习质量。

建立以学生为中心的价值导向具体说来应该包括:第一,评估在校学生的学习情况。以学生为中心是教育一直所强调的事项,但真正回到教学实践中,学生还是最容易最忽略的环节,不管是教学、专业还是课程设计上主要都是从老师的角度出发,很少能够体现出学生的学习需求,不以学生需求为导向的教学必然会让教学效果大打折扣。而从学生角度开展的评估则更强调学生的学习体验和学习需求,是以学生满意度作为评价指标的。第二,评估毕业生的情况。强调对毕业生的学习成果进行评估是国际工程联盟在研究不同国家和教育体系下专业发展情况时采取的研究方法,他们将毕业生的情况作为研究的标准和目标,通过研究毕业生的不同特点,确立了毕业生的特质。这种以学生为研究出发点的研究方式改变了原有的罗辑思维方式,通过不同的参照标准的建立构建起不同的质量评估体系,以毕业生作为教育评价的起点,从而倒推专业教育在学生学习生涯中起到的作用和目标的实现程度。

（二）以专业认证、评估保障人才质量底线

外部质量保障体系经过这么多年的发展，已经日趋成熟，现在针对高校进行评估的外部质量保障体系已经发展得很完善，如今的外部质量保障体系在一定程度上促进了学校教学条件的改善，也推动了整个教学工作的规范和完整，整个职业院校的教育发展以及培养人才的方面，都还需要进一步完善，此外，对教师和学生的外部质量保障也需要进一步完善。就我国目前的职业教育发展现状而言，职业教育的规模和数量都在稳步增长阶段，但当前职业院校需要面对的问题是如何将数量上的优势转化为质量上的优势，要在课程设置、专业设置和毕业生质量等方面提升自身竞争力，这才是深入研究和外部保障体系建设的根本所在。

国际高等教育的一体化也成为当前专业评估能够发展的重要原因，在医学、工程教育等领域，全球专业评估提供了国际统一的认证标准，也为人才的培养、专业的发展以及课程的交流提供了可供参考的统一标准和统一体系。我国职业教育发展的前景同样需要专业统一的质量评价体系，在这方面借鉴国际先进的经验和标准有利于对标国际标准，同国际发展情况接轨，为人才培养和专业发展提供统一的标准体系，使我国职业教育同世界相接轨。

外部质量保障体系主要包括两种方式，一个是"认证"，一个是"评估"，所谓"认证"归根结底是特定主体对某一标准的认可，是一种参考执行标准，对于认证而言，主体、对象和标准都要具备，要被认可必须得到社会主体的公信力和影响力。现代美国教育评估学者要求倡导的第四代评估理念，对教育界的影响越来越大，已经基本成为主流理念。第四代评估理念也被称为发展性评估理念，该理念已经不怎么强调评估主体和被评估对象的区分，整个评估过程都在开放的环境下进行，各利益相关主体都可以参与到评估当中，评估的目的是追求更高更好的教学质量，整个教育评估具有开放性、参与性等明显特征。从目前教育评估的价值理念来看，认证的目的是得到外界的认同，而评估的目的则更倾向于自身的质量追求，外部保障

体系已经从外部认可需求转变为内部自身认同需求,这一评估过程,既需要外部的统一标准予以保障,也需要内部自我认同和觉醒。

(三)在专业质量保障中建立自主性的意识

当前我国职业教育的外部质量保障方式主要是国家主导的指令性评估方式,在此种评估方式下,学校会主动将自己定位为被评估者,在评估过程中都处在被动地位,而评估主体其实是指评估过程中自我角色的确定,是评估的负责主体,也是专业质量的负责主体。因此,在现有的评估方式下,职业院校很难转变自身角色,变评估被动者为主动评估主体。

第一,要将专业评估留给专业的人士开展,政府的评估应当留有余地,通过专业评估机构进行专业评估,使其履行对学生、家长和社会的基本社会责任,保证评估结果的科学性。

第二,学校最了解自身的实际情况,因此,应该正视自身问题,将教育中存在的问题主动公开,让自己成为真正的质量保障主体,确保质量保障评估切实有效。

第三,社会在第三方质量保障体系中的地位也不仅仅限于简单的监督,因为监督的人往往都会置身事外,很难做到投入其中。社会的定义其实非广泛,其也应当作为评估的主体一方参与其中,比如像行业协会或专业教学委员会等,都可以作为社会参与方积极参与到第三方评估当中,用行业标准和规则保障外部质量。

(四)我国职业院校专业质量保障的运行机制

对于职业教育的外部质量保障体系而言,还存在着其他制约因素,比如专业评估有很多不同的专业类别,且分布很分散不统一,中央到地方没有形成完整统一的制度体系。我国的职业院校专业分散,类别众多,同一专业也有数十甚至数百个职业院校,这些因素都决定了我国的整个专业评估体系是极其复杂且繁琐的过程,需要从顶层设计开始就有序规划,建立起从中央到地方统一适用的外部保障制度体系,让整个外部保障体系与学校内部保障相互发挥作用,共同促进职业教育发展成长,这些制度要设计合理，具有可操作性，否则就会给职业院校带来额外的负担。

这里的专业评估和院校评估不同，要转变评估观念。专业评估要有所舍弃，评估要以质量标准为最低评估底线，需要放弃的是对大多数专业的水平评估，如果选择范围广泛的专业进行评估，那么就需要放弃很多小范围的专业，如果选择不同专业进行评估，那么同一专业的比较性评估就需要放弃。

要想建立起高效运转的第三方评估机制，就要将大数据应用到评估机制中来。首先，要有效设计专业评估的数据采集，使得大数据筛选出来的数据能够体现出职业院校的人才培养机制和效果，同时又能将数据应用到职业院校的教学中去；其次，要正确处理好专业指标与通用指标的沟通使用问题，国际评估的通用方式通常是以通用标准为基础，专业标准为补充的方式，在将通用标准进行提取的同时，关联相关专业的专业标准，对专业性因素进行专业评估；最后就是要处理好不同指标的相互关系，要让某些量化指标能够反映出质性指标，要对人才培养情况进行专业评估，对某些指标进行量化，通过量化指标提升人才培养机制建设，这也就是人们常说的推断统计模式，单纯的推断往往会存在偏差，这些偏差有可能会造成巨大的差距，因此如果想平衡好不同指标之间的关系，就要权衡利弊，有所取舍。

我国的职业教育相对于本科教育和一些工程、医学专业教育而言，起步相对晚，而且机制发展也比较缓慢，整个职业教育的理论和实践都相对不够成熟。目前针对我国的职业教育评估主要都是针对院校的评估，而专门针对专业的评估却未得到有效的关注和发展。随着职业教育评估工作的逐步完善与实践工作的日趋严谨，专业评估也必将会受到更多的重视，整个外部质量保障体系的建设也会朝着越来越专业的方向发展和完善，专业评估对于人才培养的重要作用会越加凸显。

总之，我国在职业教育中针对专业的评估体系还处在初步发展阶段，发展专业评估对职业教育的发展必不可少，专业评估的完善与发展也会进一步促进高等职业教育的外部质量保障体系建设，完善高等教育评估理论与实践，对高等教育的发展同样至关重要。

四、发挥行业协会在外部质量保障中的作用

行业协会对于职业院校质量保障建设也同样具有重要作用，行业协会可以通过行业标准和行业专家的专业素养促进职业教育符合行业发展要求，将行业标准应用于职业教学中，并通过行业协会的专业作用促进学生、教师更好地开展教学实践，为培养行业专业人才提供便利条件。就我国目前行业协会发展现状来看，很多职业院校都与行业协会有着较为密切的联系，有的行业协会甚至就是职业教育的发起方。行业协会也有很多形式，有的是政府主导的行业管理部门，有的是行业内企业或人们自发形成，有些还具有某些行政管理的职能，是行业发展的中坚力量。这也是为什么很多职业院校通过行业协会发展自身专业教育的原因。典型的例子就是很多职业院校成立行业教学指导委员会，通过委员会制定行业教学标准、完善专业设置，促进行业人才培养等。

行业参与到职业院校的教学和实践中是由来已久的事情，随着参与的程度不断加深，较为成熟和完善的模式逐渐形成，应当说我国职业教育的发展与行业协会的参与密不可分。也正是基于这样的优良传统，行业协会也对职业教育提出了更高的管理要求，从人力财物的管理到专业的设置再到教育质量的管理，都离不开行业协会的参与。如果回头关注我国20世纪80年代的职业教育评估历史，不难发现当时的评估及管理的主导部门就是行业协会，而不是学校自身。可见，行业协会参与职业教育的教学和管理是有历史基础的，也是有迹可循的。

总而言之，我国在外部质量保障建设上应该重视行业力量的呼声，今后外部质量保障建设要取得大的突破，引入行业参与质量保障将是一个非常有效的途径。

第二节 职业教育质量保障与评价体系运行机制

一、职业教育质量保障的意义与措施

（一）职业教育质量保障的重要意义

第一，有效提升高等职业教育水平。目前，职业教育的教学质量仍然有待完善，其具体表现为毕业后学生往往不能快速地融入社会并适应对应岗位，甚至有很多学生不得不因为专业能力不足、所学知识滞后、实践能力欠缺等因素而转变既定的就业方向，最终导致教育资源和社会资源的浪费，并且也让人们对职业教育产生了严重的认知偏差。构建高等职业教育质量保障体系则可以更为系统性地对职业教育进行监管，提升职业教育水平，减少毕业学生上岗就业之间的空闲期，有效提升高等职业教育人才培养有效性。

第二，保证职业教育全过程受到有效监控。影响高等职业教育质量的因素有很多，其中包括生源质量、课程专业性、教学方式合理性、人才培养方向引导、学生职业规划、教师队伍水平、教学环境、实训基础条件等等。因为每个学校基础条件与专业倾向并不相同，使得高等职业教育质量评价很难形成一个统一的标准，最终导致职业教育质量保障体系难以有效建立。构建完善的职业教育质量保障体系则从根本上解决了这一问题，尽可能地将各种影响教育质量的因素关联起来，以此来实现对职业教育过程的全面监控，保证学生通过职业教育可以真正地学到知识、掌握知识，并以此为基础实现人生目标，为社会作出应有贡献。

第三，推进高等职业教育保障机制的长效运行。从长远视角来进行规划，构建完善的高等职业教育保障机制是推进我国高等职业教育稳定发展

的必要措施。良好的职业教育保障机制包括教育质量法治化发展、教师准入制度化发展、专业课程开发标准化发展以及专项人才模式化培养等多个方面。将这些内容不断进行深挖，不仅可以从真正意义上改变人们对高职教育的偏见，为学生提供一个良好的学习大环境，还可以保证我国高等职业教育长盛不衰，紧跟社会发展需要，源源不断地提供大量优秀专业人才，为实现具有中国特色现代化职业教育体系打好基础，全面推进我国社会稳步发展。

（二）高职教育质量保障的有效措施

1. 注重树立职业院校的办学特色

高等职业教育本身所涉及的专业、涵盖的范围都是非常广的，因此，想要提升职业教育质量，就需要摆脱传统的"遍地撒网、趋同跟风"教学模式的影响，要尽可能选择与学校发展相适应的专业或学科，将职业学院的教学资源集中起来，从而实现突出学院本身办学特色的目标：首先，学院应该明确专业人才的培养方向，结合本地经济发展情况、地区企业人才需求、自身师资教育特点等因素进行判断，让整个职业教育变得更为高效直接；其次，突出职业教育的实用性和技术性，强化实践教学在职业教学中所占比例，强化校企结合模式的推广，真正地让学生在实践中学习、在实践中成长，全面提升学生的实践动手能力，保持理论联系实际；最后，重视生源选择，强化学校宣传机制。在进行招生过程中，职业院校需要重视对自身特色专业的宣传，让学生在专业选择上目的更为明确，从一开始就将职业规划、就业前景、自身能力发展等内容灌输到学生认知体系中，以此来提升职业教育教学质量。

2. 健全学校内部教学质量管控机制

在完善高等职业教育质量保证体系前，强化职业院校内部教学质量管控机制是非常有必要的。高职院校具体需要从以下四方面着手：

（1）加强对学校人才培养状况的审核评价，从学生实践能力、专业能力、毕业生就业率、毕业生首次工作的持续时长等内容进行详细调查。此外，为了保证收集信息的正确性和及时性，学校还需要建立高效的学生信息反馈渠道，并将收集到的信息按照专业不同进行归类，以此来获得更好的数据对比性。

（2）对专业教学过程进行全面监管。其中需要进行重点监管的方面包括专业课程设计、教学实践审核、教师教学水平评估、学生专业学习有效性等。监管的主要目的是评定教学目标是否达标、专业技能学习是否满足社会企业对人才的要求等。

（3）定期对职业院校专业教学进行教学质量审查。通过完善的自我评审机制，对学校所教授专业进行动态调整，以此来保障职业院校教学质量的可持续发展。

（4）提升校内教学质量评审专业性。要由校外专业队伍来校进行审核，提升教育质量评审的有效性。教学质量评审是一个复杂且系统的过程，单从学校的角度进行评判是片面的，必须聘请专业相关人士进行评估，按照本专业社会企业发展状况进行更有针对性的评价，以此来提升高职院校的教学质量和办学水平。

3. 优化外部人才培养质量评价环境

除了完善职业院校内部质量保障机制外，构建完善的外部人才培养质量评价机制、实现内外兼修才可以从真正意义上实现高等职业教育稳步发展。若是想要实现这一目标，高职院校及社会其他相关机构需要注意以下方面：

（1）相关教育职能部门需要学会权力的下放，在保证整个职业教育发展趋势不变的前提下，尽可能地给予职业院校政策上相关的支持，这样学校可以根据自身实际情况进行及时的调控，形成具有鲜明个性的办学特色，为学生学习构建一个和谐且自由的学习环境。

（2）职业院校需要将校企结合教学模式重视起来。一方面，提升企业在职业教育人才培养上的发言权，利用企业本身对市场发展的敏锐观察力，推进人才定向化培养的有效策略，全面提升高职教育的有效性；另一方面，最大限度地利用企业在人才培养上的优势，实现企业与高职院校在人才培养上的能力互补，为学生构建完善的实训教学环境，提高学生的综合实践能力。

（3）社会各界需要加大对职业教育重要性宣传力度，通过多种方式来改善民众对高职教育的固有观念，消除学生在校学习期间的各种顾虑，促使学生积极地投入到职业理论知识学习中。

4. 发挥市场引导和政府指导的作用

与传统高等教育注重培养研究型人才不同的是，职业教育更加倾向于教育实用性，其目的就是为社会培养定点、定向的专业性技术人才。简单而言，就是社会需要怎样的人才，高职院校就培养怎样的人才。因此，紧跟市场发展需要，最大限度地发挥市场引导作用是提升高等职业教育质量的关键因素。

（1）高职院校需要对自身教学质量进行严格的监控，结合专业教学特点，及时发现自身在教学管理中的不足，有针对性地实施针对各项职业教育质量保障措施。

（2）高职院校应该积极地与社会相关企业进行联系，通过企业的信息反馈来调整自身专业教学内容，抓住市场真正的人才需求，培养学生形成正确的服务意识，以此来实现教育资源配置的最大化利用，促进职业教育与社会共同进步、共同发展。

（3）相关部门可以继续加强对职业教育质量管控的关注力度，利用宏观调控的手段给予职业院校一个公平的发展环境，引导职业教育走向良性发展的道路，最终形成以政府、企业、学校、学生、教师为一体的多元职业教育教学发展体系，全面提升我国高等职业教学质量。

5. 强化职教质量保障体系资金支持

职业教育质量保障体系的建立从本质上而言是为了完善高职院校职业教育教学体系，保障学生可以真正地通过在校学习获得符合社会人才要求的专业知识和专业技能，它的出现必定会给学校发展带来一定的资金压力，因此，职业院校需要通过多种手段来强化职业教育质量保障体系的资金支持，为构建完善的职业教育质量保障体系打好基础。首先，相关部门可以给予一定的政策补贴和优惠，并根据学校发展及时地出台一些合规政策，以此来缓解学校资金不足的问题；其次，根据校企结合教学模式的特点，鼓励企业来校进行投资建设，加强企业与学校之间的联系，为企业发展提供源源不断的人才支持，实现校企之间的互惠共赢。

综上所述，"构建高等职业教育质量保障长效机制，是我国现代化职业教育体系发展的必然方向，已然成为我国教育发展战略的重要组成部分"。因此，职业院校、教师、企业都应该抓住这一发展机遇，不断深挖自身在整个职业教育体系中的作用和责任，以此来建立一个可行性强的长效发展机制，促使我国高等职业教育稳步、健康、高效地发展。

二、职业教育评价体系运行机制的完善

"职业教育是我国教育体系的重要组成部分，为我国现代化建设作出了重大贡献"。中华人民共和国成立后，职业教育发展经历了规模从小到大、层次从低到高、参与从少到多、能力由弱变强、贡献由微到著的发展历程，从中积累了丰富的发展经验，对建设中国特色、世界水平的现代职业教育体系提供了弥足珍贵的经验。经过数十年的发展，我国职业教育取得了举世瞩目的成就，职业教育为我国经济社会发展提供了有力的人才支撑，职业教育服务经济社会发展能力不断增强，在现代化建设进程中的作用越加凸显。随着我国产业升级和经济结构调整的不断加快，社会对技术技能人才的需求更加紧迫，同时对职业教育人才培养的质量标准提出了更高要求，因此提高职业教育质量，优化职业教育评价体系的运行机制是非常有必要的。

对于职业教育评价体系运行机制的完善，我们需要注意以下方面：

（一）树立科学的职业教育发展评价观

建立职业教育评价体系先要正确认识职业教育的发展本质。黄炎培在《职业教育机关唯一的生命是什么》中指出，职业教育"从本质说来，就是社会性；从其作用说来，就是社会化"。在《实施实业教学要览》中黄炎培将职业教育定义为："凡用教育方法，使人人获得生活的供给及乐趣，一面尽其对群众之义务，此教育名曰职业教育"。黄炎培强调职业教育促进人的社会化不仅强调传授专业技能、解决生计问题，还要注重和促进个性发展，注重职业道德和人格培养，造就合格的社会角色等。黄炎培辩证地将职业

教育的社会化与个体发展有机结合起来，深刻揭示了我国近现代职业教育发展的规律与特点，对于树立科学的职业教育发展评价观，加强社会协作、服务社会经济发展等具有重要的启示和借鉴意义。另外，要正确理解职业教育的评价导向和评价内涵，转变偏向社会本位的评价方式，回归学生本位，切实把立德树人作为检验职业教育高质量发展水平的根本标准。

（二）完善职业教育评价体系相关制度

《职业教育法修订草案（征求意见稿）》对职业教育评价及其法律责任进行了修改和完善，在顶层制度设计层面进行了重大改革。如第十条："省、自治区、直辖市人民政府领导区域内职业教育工作，组织开展督导评估。"第三十五条："职业学校、职业培训机构应当建立健全教育质量的评价与保障制度，吸纳行业、企业参与评价，并及时公开相关信息，接受社会监督。"此外，《职业教育法修订草案（征求意见稿）》更是明确界定了评价主体的法律责任及违约规定，有力保障了校企合作规范开展职业教育质量评价工作。随着有关教育评价法律法规及政策制度的不断完善，依法履行教育职责的评价能力不断加强，当前职业教育评价体系建设终将体现出中国职业教育制度特色与发展优势。

（三）建立基于大数据的教育评价指标

当前，全球信息化快速发展，加快建设数字中国正成为引领中国迈向教育强国、经济强国的重要引擎，同时也对职业教育评价系统研发、评价工具运用等带来深刻变革。大数据时代下，职业教育评价量化研究进程加快，精确的信息使质量评价更加数据化、直观化，强化过程评价具备了数据分析基础。然而，当前职业教育评价工作中并未充分发挥大数据的优势和作用。职业院校每年面临各级各类数据填报工作，上级下达的各类数据填报要求错综凌乱、各行其是，部分指标解释不一致、标准不统一等；在数据采集过程中学校存在数据信息填报不全面、填报工作被动且效率低下，数据填报系统智能化、专业化程度有待提高等问题，这些问题导致学校内部评价数据存在一定程度的失真，影响了学校外部评价的分析对比。因此，大数据时代下，建立和完善职业教育评价指标体系，要提高面对对大量复杂数据的统计与识别能力，增强行业企业、第三方评估机构等数据填报的意愿，提高数据分析的信度和效度，实现教育数据高速、便捷的计算与处理分析，以科学、专业和真实的数据体现职业教育高质量发展的内涵和水平。

（四）进行试点建设职业教育评价体系

深化职业教育评价改革，建立科学的职业教育评价体系，需要选取符合条件的试点院校实践探索，取得成功经验后再逐步推广。

教育评价改革可与高水平高职学校建设计划同步开展，结合"1+X证书"试点工作、职业院校内部质量保证体系诊断与改进等工作，围绕立德树人根本目标，充分发挥高水平高职学校的引领作用，探索建立新时代职业教育评价体系，成为当前职业教育改革与发展的先锋和标杆，全面推进职业教育现代化建设。

第三节　现代远程高等教育质量保障体系构成要素与运行机制

一、现代远程高等教育质量保障体系的构成要素

"远程高等教育是由相互联系和作用的、具有特定功能的若干要素结合而成的有机整体"。远程高等教育中每一个要素的质量是整体质量的基础，整体质量又依赖于每个要素的质量水平，当高质量的要素通过优越的机制作用形成优化结构时，也就形成了远程高等教育的整体质量。

（一）学校与社会

1.学校

在远程高等教育中，学校始终居于资源中心和重要辐射点的核心地位，

而逐步扩大化的教育覆盖范围和半径,也在很大程度上增加了专业和课程设置的灵活性,更增强了学生在便捷、实用学习方式方面的需求,这也就要求学校必须从根本上转变以往远程高等教育的组织形式、管理模式和办学理念。具体来讲,就是要建立家校共育的新机制,通过对校内教育资源和社会资源的协调与整合,以及对符合远程高等教育要求标准的管理体制的改革与完善,来有序化和高效性控制教学全过程,使以往的单纯管理型模式得到根源上的改善,并逐步过渡到凸显服务的管理模式,促进学生的全面发展与个性成长。在远程高等教育当中,学校的组织管理分层得到了弱化,同时,得益于不断扩大化的管理幅度和日益扁平化的组织结构,远程教育也变得更具灵活性,适应度更高。

2. 社会

远程高等教育与社会之间同样保持着密切关联,一方面远程高等教育的学生大多来自社会的各个阶层和领域,另一方面远程高等教育也可以有机整合并最大化调动社会教育资源,也因此,在确保远程高等教育整体质量提升方面,社会参与所发挥的作用同样不可小觑。社会对质量保障的参与形式主要有新闻媒体、民间团体和行业协会的评价。得益于社会力量的参与,试点高校可以及时了解社会对人才培养的要求、远程高等教育教学的进展情况、毕业生的就业形势及其他相关信息,这就使高校的人才培养将面临社会经济部门和社会发展所提出的越来越高的要求,更使得远程高等教育的发展能够始终契合社会的现实需要。

(二)教师与学生

1. 教师

尽管"教师"角色在远程高等教育的重要作用已得到了一致认可,但"教师"的内涵与功能早已发生了根本性改变。具体来讲,其内涵主要表现为两点,首先在远程高等教育中发挥作用的教师已经不再是独自面向学生的个体,而是作为协同面向学生的群体;其次,在学生学习过程中发挥作用的教师由教学全过程或部分课程教学活动的教学人员构成,是学生学习活动中必不可少的帮助提供者、知识与技能传授者以及错误规范者。与以往唯一的知识来源不同，教师的主要任务和目的已经不再仅仅局限于知识的传递，而是竭尽全力激活学生的学习动能、教授学生正确的学习方法，让学生不仅"会学"，更要"乐学"，让学生能够在教师指导、启发和激励的过程中实现自身的发展与进步。远程高等教育过程中多数教学任务的承担者都为兼职人员，因此，从提高远程高等教育整体质量的角度来讲，必须积极探索管理和培训兼职教师的有效方法，来改革与创新现有的教师管理制度。

从时空维度来讲，教师和学生始终处于相互分离的状态，这在一定程度上阻碍着师生的正常交流，同时，教师的整体数量是有限的，能够给学生提供的帮助也是有限的，这就意味着必须不断扩充教师团队的数量。此外，随着教育改革的推进，教师从业者必备的基本素质、基本能力等也面临着越来越高的要求，教师在指导学生和有效传送教育资源时必须具备基本的信息技术应用能力。

2. 学生

高等教育对学生需要达到的质量标准提出了明确的要求，而无论是学生知识水平的增长，还是学习能力的锻炼，都需要通过接受高等教育来实现。但是，参与现代远程教育的大多数学生都是在职读书的成年人，这一特征与传统意义上的大学生存在本质区别，因为他们的生活时常会面临来自学习与工作之间的冲突、工作调整而不得不迁居、子女照料等问题所造成的挑战。同时，与一般学生相比，成年学生普遍缺乏文艺、体育等内容的学习兴趣，他们的关注点更多地是集中在课程时间设置的灵活程度、是否具备上课时间的自主选择权、毕业和学位通过率以及是否具备学费承担能力等现实问题。

远程教育很大程度上改变了学生的学习方式，即以往的被动学习状态被主动地获取知识所取代，学生开始有意识地利用信息技术和各种学习资源来主动建构知识。学生除了要掌握知识，还要掌握学习知识的有效方法，而学习能力的持续培养和不断加强都需要在学习的过程中实现。

需要说明的一点在于，作为网络特性体现最为明显的学习方式，以小组学习、协作学习等形式为主要特征的学生合作学习并未在传统教学中得到广泛普及与推广，但其对于师生关系的搭建、课堂教学效率的提高等均有着重要意义。在函授教育和广播电视教育阶段，信息刊物和广播电视等单向交流手段广泛应用，并在很大程度上压缩了学生们合作学习的空间。到了网络教育时期，信息通讯技术不断发展、日益成熟，师生、生生之间的交流更加全面、更加方便、更加普及，也使得学生合作学习的机会逐渐增加。

（三）教学方式

随着信息技术的广泛普及和长效发展，课堂教学组织形式的单一化局面被多样化的教学组织形式所取代，以合作学习、小组学习、课堂学习和自主学习的综合应用为主要特征的教学组织形式逐渐成为教育主旋律。同时，以面授为基础，远程高等教育的教学手段也实现了进一步丰富，依托于通信技术、计算机网络、电视、广播媒介，学生们可以同时选择多种媒体的资源（如网络、音像、文字等）。以计算机和网络为基础发展而来的教与学模式，音像媒体和计算机、网络主次分明、相辅相成的教与学模式，以及基于双向视频和视频直播系统发展而来的远程课堂模式等均为信息技术应用背景下教学方式的革新之举。从试点高校的角度来讲，以对校园网、公众网的使用为媒介来实现对课件的点播、对网页的浏览，以及自主学习、利用卫星开展的单向或双向实时教学模式、基于网络视频会议系统开展的双向实时教学模式、多媒体教学、学生集中面授教学等模式也得到了广泛应用，可以说，通过综合应用这些教学模式，不同教学模式的优势与作用得到了充分发挥，在实现办学成本和技术要求进一步降低的同时，学校教学活动有序高效的开展也得到了充分保障。

基于对多种媒体的利用而生成的教学、导学、助学和自学模式都是远程教学在微观模式层面的有机构成。具体来讲，课程教师借助多种传输媒体和渠道将课程知识和相关技能传输给学生，以服务于学生对学习课程思路和方法的掌握，并帮助学生更好地掌握教学重难点的过程，即为教学；导学是引导学生学习、指导学生掌握学习方法和学会利用媒体资源的过程；

助学的核心思想在于对学生中心地位的强调，主张通过个性化学习资源、条件和手段的提供来保障学生对学习过程中出现的疑难问题进行妥善解决；自学的基本前提是学生的自主学习，强调借助多种媒体来服务于学生的作业练习和个性化学习需求，同时，也强调基于教师的帮助来成立学习小组，组织合作学习。

总之，整体上来讲，远程高等教育课程教学方式主要表现为面授、小组合作、自主学习、远程指导、针对性答疑五个主要特征。具体来讲，远程高等教育课程教学过程综合运用了多种教学形式，形成了优势互补、相辅相成的良性循环，所取得的实际成效更远甚于单个教学形式的相加，同时，远程教学手段（如答疑电话、电子邮箱、直播课堂、广播电视、计算机网络等）也在远程高等教育课程教学过程中得到了广泛应用，也正是因为这些手段的应用，学生才能够享受到更加全面和高效的教学信息和咨询服务；最后，远程高等教育课程尤其强调建立和完善学习档案，以及指导和形成性评价学生的学习过程。

（四）教学资源

作为远程高等教育的核心，教学资源在教师对教学内容的表现和传递、学生对知识的学习以及能力的提高方面"扮演"着重要的媒介角色，整体上来讲，远程高等教育教学的高效进展离不开必要的教学资源，远程高等教育教学的整体质量很大程度上就取决于教学资源整体的丰富性和多样性。同时，教学资源的合理利用还是教学活动（如导学、辅导、答疑等）正常开展的基本前提，是素质教育得以落实、校园文化得以建设的重要影响要素。在教学资源的辅助下，学生的个性化学习需求能够得到满足，学生的学习能动性能够得到开发，教师异步教学理念能够得到落实，教师的主导作用以及教师对学生的指导功能能够得到充分体现。信息技术的不断完善与发展，带动了教学资源的智能化、网络化和多媒体化，远程高等教育的教学资源也变得更为立体化，文字教材（如图书）、音像教材（如录音、电影、录像等）和网络课件（如以计算机网络为基础搭建而成的课件库、试题库、案例库、资源库等）等在远程高等教育教学过程中屡见不鲜。

（五）支持服务

作为教学活动得以保障、教学质量得以提高的重要环节，平等互动、开放交流的师生关系的构建发挥着重要作用。面授教学过程中，教师需要面对面地解答和指导学生们的问题，师生之间的互动具有极强的实效性。而在远程高等教育当中，教师和学生往往会在各自的空间中展开活动，这不仅极大地阻碍了师生之间的正常交流，更加大了教师对学生提供解答和指导的难度，这就使得在远程高等教育中对支持服务的普及显得尤为重要和必要。倘若无法建立起行之有效的远程教育教学支持服务，学生就无法有效地积累知识、增长能力，更谈不上德智体美的全面发展。可以说，有效的远程教育教学支持服务是完整且精准地体现教育目的、全面普及素质教育、落实立德育人教学使命的重要保障，更是确保整个教育教学活动有序性和高效性的重要条件。

支持服务的学习主要涉及六个维度：其一，提供便利的学习条件和全面的综合服务；其二，保障传输与配送教学资源的科学性、经济性；其三，保障组织管理教学全过程的整体质量；其四，满足学生的远程学习、指导与咨询需求；其五，从环境层面保障学生的交互式学习和合作探究活动；其六，为学生对学习问题的解决提供必要支持。

二、现代远程高等教育质量保障体系的运行机制

存在于远程高等教育质量保障体系中的各个要素之间存在着相互联系、相互影响的关联，这种关联是远程高等教育质量保障功能得以发挥的重要运行规则，也是远程高等教育质量保障活动运行得以启动、保持、调整和终止的各种要素和工作方式的总和，这便是远程高等教育质量保障机制的功能原理。具体来讲，现代远程高等教育质量保障体系的运行机制主要由以下几点构成：

目标机制。社会和时代对人进行培养的总体质量目标和规格要求，即为远程高等教育质量目标，它是远程高等教育质量保障得以进展的出发点和方向指导。远程高等教育质量目标的制定，需要遵循两个核心原则，其

一是符合社会和经济发展的需要,其二是符合办学和人才培养的规律。

主体机制。作为社会大环境系统的重要构成,远程高等教育的发展与文化、政治、经济等要素直接相关。同时,远程高等教育也是高等教育的重要构成,高等教育发展的内在规律也会对远程高等教育产生相应的影响。也因此,远程高等教育质量保障的主体通常会涵盖社会、政府、高校三方,其中内部保障的主体是试点高校,外部保障的主体是政府和社会。

评判机制。质量所评价的是事物、产品或工作整体水平的高低,而若想保障对质量价值判断的精准性,就需要完善系统化的评价机制。同时,这也是质量保障工作的基础和关键所在。指标体系是实现评判内容的重要依据。远程高等教育质量保障拥有广泛的范畴,既包括服务、技术支持、研究、管理和远程教育教学等系统,又涉及教育资源、教育环境、教育过程、教育结果各个方面,这也就决定了远程高等教育质量保障的指标也可做条件性(如工作方案、网络条件、管理水平、办学实力、办学特色和办学历史等)、环境性(如学风、校风、学校文化等)、过程性(如考试考查、建设和使用网络教学资源、改革管理模式、改革教学模式、远程教育基础设施条件、人才培养目标定位等)和成果性(如学生认可试点高校工作的程度、用人单位对毕业生的满意程度以及学生心理、学生知识、学生能力和学生个性的转变等)的细分。作为对试点高校工作环境和条件的直接反映,条件性指标是一种有形指标,从物质基础层面为高校参加试点工作和达成规定质量目标提供了必要支持;环境性指标是一种无形指标,是远程高等教育文化氛围的直接体现;过程性指标是对试点工作状况和过程的反映,该指标与试点高校达到规定质量目标的实施过程存在着密切联系;成果性指标是试点高校质量目标的指标类型,是对远程高等教育质量和水平的直接反应。

激励机制。利益驱动是落实质量保障机制的重要前提,倘若无法建立质量保障活动与利益之间的内在联系,就无法形成动力效应,也就无法充分发挥质量保障应有的功能。具体来讲,激励机制主要包括正面奖励和负面惩罚两种内容,二者之间处在相互联系、相辅相成的关系网中。

信息与反馈机制。以远程高等教育质量保障活动中所收集、存储、整合的信息为依据，来调控反馈质量保障目标、质量保障主体、保障内容和结论的机制，即为信息与反馈机制，它是检查质量保障目标与我国教育目标适配性的重要途径，也是对质量保障主体的全面性、质量保障指标的科学性以及质量保障过程和方法的适当性、最终结论的有效性进行客观评估的重要手段，对于实现整个远程高等教育质量保障活动中自我纠错能力的显著增强、不断优化与完善具有重要意义。

第四节　从制度和操作层面构建高等教育质量保障体系

一、制度层面构建高等教育质量保障体系

"制度是一种稳定的、特殊的教育资源，它决定了高等教育的运行机制，直接影响和制约着高等教育质量"。教育发展过程中，学校一直强调财务供给稳定的重要性，却没有足够关注教育制度以及教育理念对教学质量的重要作用。对高等教育质量进行深层次分析，可以发现质量保证或者质量提升根本上是受到教育制度以及理念的影响。尤其是理念，是指导教育质量发展的方向标，可以从总体上和本质上决定教育质量。制度对于教育发展来讲，是特殊资源是稳定资源，它的存在可以保证教育在一段时间内的发展始终遵循相关的模式要求，保证教育相关的各个质量变量要素可以遵循固定的模式组合运行。

高等教育制度会对高等教育开展的方方面面产生影响，如果制度不合适，那么高等教育的质量必然会受到不良影响，高等教育目标也没有办法有效实现。而且，在制度不合适的情况下，必然有受教育者的教育需要得不到有效满足，受教育者没有办法获得符合自身类型特点和层次需要的教育产品。所以，高等教育应该注重构建质量保障体系，注重体系的创新与完善。当下高等教育制度应该以市场力量为主导，在此基础上，政府应该

宏观调控，辅助高等教育制度更好地发挥作用。

（一）发挥市场力量的主导作用

第一，市场可以快速灵敏地做出应对。学校在招生之前，在设置专业和课程之前，可以充分对市场进行调研，在此基础上，制定学校的人才培养目标、培养规格、培养方向。相比于行政计划，市场信息可以更快地给予学校信息反馈，学校可以及时地调整人才培养方式或策略，让人才更符合市场发展需要。

第二，市场竞争激烈，所以，学校为了更好地生存，应该打造本学校的办学特色。有了自己的办学特色，教学质量有所提升之后，学校就能够为学生提供更多形式的教育服务，能够满足更多学生的学习需求，也能够打破当下学校同质化办学的不良局面。

第三，高等教育的发展慢慢地转向集约型。高等教育如果收获更好的教育效益和教学成效，我国院校可以在国际上有更强的竞争力。可以说，市场具有积极作用，高等教育质量的提升必须依赖市场的主导。想让市场发挥主导作用，那么，学校必须先获得一定的办学自主权，还需要明确自身在市场当中的地位。只有当学校真正具备市场主体资格，才能参与市场竞争，才能为自身的发展争取更多的资源。

（二）发挥政府力量的辅助作用

市场存在一些弊端，比如说功利性、短视性，所以，在高等教育发展过程中，如果过多地依赖市场也有可能受到市场的不良侵害：首先，职业院校可能过于注重自身的商业化发展，而忽略了学校的本职工作，没有进行深层次的科研，没有科学合理地做资源规划。举例来说，目前社会当中的一些基础学科领域人才越来越少，基础学科在社会当中的热度较低，而与电子计算机有关的学科热度较高。此种情况下，学校可能会为了提高自身的市场竞争力，而过多地将资源放到受欢迎的学科研究方面，忽略了基础学科的发展。其次，可能出现教育不公平的情况，市场追求的是利益，如果完全遵照市场当中的等价原则，那么，社会当中有一部分人可能会没有办法平等地接受高等教育。最后，影响国家的长远利益，如果基础学科一直受到冷落，那么，基础学科的发展必然落后，长期下去，可能直接影响社会国家以及经济的发展。

正是因为存在以上几种问题，所以，不能完全依赖市场力量发展高等教育。政府力量可以和市场力量有效抗衡，政府可以有效制衡高等教育的发展。高等教育的发展主要依赖政府投资，所以，政府应该有权利干预高等教育的发展。但是，政府力量在干预高等院校发展时，应该尊重市场需要，给予学校自主权利，允许学生的自由发展。在此前提下，有效引导高等教育，保证高等教育发展质量。政府可以使用的调节手段有很多，其中比较重要的是法律手段、经济手段，政府可以从宏观角度调整教育供求关系，也可以鼓励高校开设与国家战略发展有关的重点学科、重点专业。在政府的有效制衡下，教育质量可以得到有效保证，高等教育的发展也会越来越公正民主。

综合来看，高等教育质量必须得到充分保障，高等教育的发展必须依赖市场力量。但是，高校高质量发展过程中，政府以及市场两者的力量应该达到均衡的状态。在以市场为主的情况下，政府也应该充分发挥辅助作用。

二、操作层面构建高等教育质量保障体系

目前，高等教育呈现出了较为明显的市场化以及产业化发展趋势，学校会慢慢地转变成具有服务性性质的特殊企业，教育模式将会有所创新，家长可以选择通过投资教育的方式，为自己的孩子选择适合的课程和教育资源。市场经济条件下，资源配置也会有明显的市场化特点，教育质量、教育效率会有所提升。企业想要做出有质量的好产品，尤其需要关注输入、输出以及中间的加工过程。在输入环节，需要精心选择高质量的原材料；在加工环节，需要保证每一个工序的加工都达到质量要求；在输出环节，必须对产品做精准的检测。人才培养和产品打造一样，过程中也要同时关注输入、输出以及加工过程。

（一）严把输入关，保证生源质量

人才培养过程中，好的生源极其重要，之所以名牌大学可以为社会提供更多的优质人才，在很大程度上是因为名牌大学获得了社会当中最为优秀的生源。在实际的招生过程中，不同学校能够获得的生源是存在差异的。学校应该在生源正式进入学校之前，对生源情况进行盘点，这一过程在企业当中被叫作人力资源盘点。具体来讲，指的是企业应该先确定自身的企业任务以及企业发展目标，然后，以此为前提对企业内部的人才情况展开科学的分析。分析包括定性分析和定量分析，使用人力资源盘点技术之后，学校可以对学生的素质结构有综合的了解，可以为学生建立档案，也可以根据学生的素质情况制订针对性的人才培养计划。学生在报考院校选择专业时，会充分考虑自身的优势和特点，学校也可以从学生的优势和特点入手组织适合的符合学生成长需要的教学活动，真正做到因材施教，激发学生的学习兴趣、学习动力，这样，培养出来的人才才能达到高等教育要求的质量水平。

（二）严控加工关，构建监控体系

对于人才培养来讲，能够影响到最终质量的主要是人才培养过程。人才培养过程涉及很多内容，尤其是涉及到几个极为重要的关键环节。在关键环节部分，需要建立质量监控以及评价体系，在监控和评价的过程中，人才培养质量可以得到有效保障。教育部发布了一系列有关教学的评估措施，这些措施在很大程度上发挥了监控作用。但是，各个高校不能仅仅依赖教育部的外部监控，也需要建立内部的质量监控和评价体系。质量监控和评价体系最开始是应用在企业当中的，应用的目的是让企业职工有更高的素质水平，有更强烈的质量意识，激发工作人员的积极性。目前，使用的企业质量监控体系主要有两种，分别是：ISO9000质量保证体系、全面质量管理体系。

分析我国高校的现状，可以发现目前并没有建设出非常适合的质量监控体系，所以，目前可以先借鉴企业使用的两套体系。两套体系当中，重要的部分是教师，高校应该激发教师工作的主动性，充分发挥教师的作用，这样，人才质量才能有充分的保证。教师是参与教学的实践者，是培养人才的导师，教师必须做到能力一流：首先，学校需要盘点教师资源，分析教师优势，然后因材施用；其次，学校应该提前分析学校发展需要哪些教师资源，然后提前做好教师的引进工作；再次，学校应该为教师的成长设立激励机制，使用聘用制招聘教师，这样更能激励教师形成工作主动性；最后，人员聘用过程中，应该尽可能地运用聘用制，这样有利于人员的及时调整，教师待遇方面也应该和教师的工作质量挂钩。

人才质量的提升除了建设师资队伍、做好人事管理之外，还应该着重关注教学管理。高校应该建立教学管理体系，约束和规范教学行为。举例来说，有一些院校会定期举办工作例会，通过例会的举办及时处理教学过程中存在的问题，为教学质量的提升保驾护航。

（三）控制输出关，优化输出质量

消费者和市场是检验产品质量的最终环节，但是，生产厂家可以在产品真正流通之前自主地对产品质量展开检测，避免不合格产品进入市场，损坏自身的社会声誉。学校也是一样，在过去，精英教育期间，高等教育可以严进宽出，但是，现在处于大众化教育阶段，应该使用宽进严出的举措。高校应该综合考核学生的知识水平、知识能力，只有达到合格标准，才能允许其进入社会。

但是，人才本身就有较大的不确定性和复杂性，所以，即使学校检验合格的人才也不一定在社会当中表现合格。如果社会不满意人才，人才没有办法正确发挥自身作用，那么就不能说高等教育质量达到了优秀水平。所以，高校应该在学生进入社会之前综合地进行知识和能力等方面的全面检测，并且做好就业引导工作，尽可能地帮助学生适应社会岗位。

第五节　海南民办高职院校非物质激励机制的实践研究

一、海南民办高职院校非物质激励机制的原则

第一，非物质激励原则。高校在学习企业管理方法的过程中，不可以过于注重物质激励，否则，激励措施可能就会生硬，难以真正推动高等教育管理向更高水平发展。

第二，以人为本原则。以人为本强调必须充分尊重激励对象，让激励对象能够感受到真正的情感关怀，要让激励对象同时享受到物质和情感方面的激励。

第三，差异性以及针对性原则。民办高职院校和普通高等院校不同，如果要使用非物质激励措施，那么，需要考虑到教师本身的特殊性，有差异地对教师进行激励。在高职院校使用激励政策时，要充分分析民办和公办教师的差异、普通高等院校和高中院校教师的差异，然后有针对性地根据需求设置适合的激励措施。

第四，结合物质激励原则。物质激励在一定程度上有存在的必要性，所有的教师基本都会有薪资等方面的增长需求，适当的物质激励措施配合非物质激励措施，能够更好地激发高职院校教师的主动性。

二、海南民办高职院校非物质激励机制的优化

（一）建立管理制度，保障激励目标实现

海南民办高职院校之所以能够较好地完成非物质激励目标，是因为有科学的绩效管理制度。在制度发挥保障作用、规范作用的情况下，非物质激励机制可以配合其他的激励方式共同发挥作用，当绩效管理制度体系形

成之后，激励措施可以长久稳定地发挥作用。

第一，构建非物质激励机制体系。具体来讲，首先，民办高职院校制定的激励措施应该有差异性，院校应该根据教师职务差异、年龄差异、性别差异、需求差异制定不同的激励方法。民办高职院校的教师具备所有教师的共同特性，但是，也具备与职业教育相关的鲜明特性。所以，院校在制定激励措施时，应该具体考虑到民办高职院校教师的群体特点，制定针对性的激励措施。其次，需要做好和教师利益有关的其他重要制度的建设工作，比如说应该做好职称评定制度建设工作、科研制度建设工作，保证教师可以通过自己的努力获得晋升。最后，个性需求方面，在社会当中，民办高职院校的教师地位稍稍落后于公办院校教师的社会地位，教师对自身职业没形成较强的荣誉感，民办高职院校应该考虑到这一实际情况，必须制定针对性的激励措施。

第二，绩效管理应该科学有效。首先，绩效目标的设定必须合理，高职院校应该根据自身的办学优势和办学目标，科学地设定绩效目标，这样，激励措施才能有目的性，才能有效。虽然民办高职院校具有一定的商业性特征，但是，教育本身就是属于公益性行业，所以，民办高职教育在设置目标时也需要优先考虑教育的公益性。其次，目标的设置要考虑到院校的商业发展需要、盈利发展需要。根据海南省的相关政策，可以发现海南省要求民办高职院校优化机制，改革创新。海南地区的民办高职院校应该积极进行教育改革，应该从整体角度制定绩效目标，并且将目标落实到学校的所有部门、所有教师身上。再次，绩效考核体系的设置必须要科学合理，想要判断激励措施是否有效发挥作用，需要给予评价，而评价必须遵循相关的规范要求。也就是说，院校必须设置科学的评价体系。评价体系能够保证激励有效发挥作用，避免激励政策的盲目性，也避免学校资源的浪费。高职院校应该综合运用激励制度和考核制度，保证激励政策可以更好地发挥效果。最后，绩效反馈机制必须建立健全，高职院校在结束一个考核周期之后，应该及时收集和激励措施有关的反馈信息，优化激励措施。

第三，开展管理人员的培训工作。高职院校制定的所有制度体系想要有效实施，那么，必须配备素质水平高的管理人员。结合目前的现实情况来看，高职院校当中管理干部有较为严重的两极分化特点，要么特别年轻，要么年纪相对较大，这影响了学校各项制度的实施落实，所以，高职院校应该展开管理人员的培训工作。

（二）构建和谐关系，增强教师的凝聚力

在高职教育管理过程中，高职院校应该积极打造和谐的教师人际关系，加强教师之间的信任，让教师团队有更强的凝聚力。具体来讲，打造和谐的人际关系可以使用以下几种方法：

第一，理想信念方面要形成一致认知。虽然民办高职院校发展过程中追求某些方面的利益，但是，利益不应该成为高职院校激励教师的主要方式。高职院校应该引导培养教师形成共同的理想信念，应该提高高职教师的职业意识，引导高职教师在自己的职位上发光发热。当教师形成了共同的合力之后，那么高职院校的教育目标就会更容易实现。

第二，为高职院校教师提供优质的沟通环境。分析海南地区的民办高职院校，可以发现教师日常的教学任务繁多，教师很难有空闲时间和其他的教师开展充分的交流。与此同时，民办高职院校当中教师之间的竞争较为激烈，教师队伍当中的人员更替过于频繁，所以，很多教师忽略了人际交往。高职院校应该建立一支稳定的师资队伍，增添更多的教师人手，减少教师的工作任务数量，让教师可以从工作当中解脱。这样，教师才可能注重人际交往。如果教师之间形成了良好的人际交往关系，那么，人际交往关系将会发挥正向激励作用，还会激发教师高效率地参与工作，而且教师之间形成良好的人际关系，有助于师资队伍的稳定，可以间接地减少了学校在人力资源管理方面的成本。高职院校的教师之间应该存在适当的竞争，但是，竞争不宜过度，否则就会不利于教师的个人成长。学校应该打造出柔性的人员管理环境，引导教师积极和周围同事交流沟通。

第三，高职院校领导应该提高自身的亲和力。学校领导在参与工作的过程中，应该积极展现个人魅力，应该积极和教师沟通。亲和力有助于领导和教师拉近距离，有助于领导在教师群体当中凝聚人心，亲和力也是领

导个人能力的重要组成部分。对于学校领导来讲，亲和力在工作当中的体现就是对所有人都平等看待，真诚且尊重地对待所有人，发自内心地关心教师，关爱学生，在工作当中应当要传播平等公正的思想，尽最大程度满足教师提出的合理诉求。

（三）重视民主管理，激发教师的积极性

民主管理指的是民办高职院校应该为教师参与学校管理提供渠道和途径。我国强调建设法治社会，而民主管理是法治社会的重要内容。民办高职院校应该贯彻落实校长负责制，并且建立职工代表大会，保证教职人员有权利、有机会、有途径参与学校管理。在教师积极参与学校管理的过程中，会对学校形成更强烈的认可，会获得更大的归属感，这有利于教师工作积极性的提升。

1. 实施董事会领导下的校长负责制

董事会领导下的校长负责制将高职院校的管理权和院校的所有权分离开来，这有效地保证了教职员工参与管理。虽然在《民办教育促进法》当中明确指出，学校董事会应该遵循的运行规定，但是，实际当中规定的落实情况并不理想。所以，应该加强执法力度，监督高职院校的董事会运行情况，为教师利益的保证提供支持。董事会领导下的校长负责制的真正落实有助于高职院校做出民主且科学的决策，有助于高职院校管理向着民主和科学的方向发展。在这种制度下，校长需要全权负责学校的管理工作。

2. 完善基层民主组织形式与运行机制

第一，应该从法律角度肯定基层民主。在我国，教师主要是通过教职工代表大会的方式参与学校管理，要实行自己的管理权利。教职工代表大会在社会当中有较强的群众基础，教师可以通过代表大会表达自身的利益诉求。也正是因为教师需要通过教职工代表大会保证自身的权益，所以，必须从法律的角度来确定教职工代表大会的地位。除了教职工代表大会之外，学校也会通过学术委员会建设的方式实行基层民主。我国高等教育法当中已经明确指出了学术委员会和教职工代表大会的重要地位，但是，这些机构并没有在现实当中发挥民主功能，主要是因为法律方面的定位弱化，

法律条文没有实际的发挥自身的约束性。所以，要求相关部门应该加大执法力度，监督高职院校是否依照法律规定、借助教职工代表大会和学术委员会实施基层民主。除了加大执法力度之外，相关的法律法规也应该做到逐渐完善，优化法律法规应该从具体的操作角度入手，加强法律条文的执行性。

第二，行使民主权利的机构之间应该相互协作，也应该明确机构职责。教职工代表大会或者学术委员会，他们在管理当中发挥作用时，管理权限、管理定位、管理规则并不完全相同，但是，都是为教师群体教学工作服务，都与教师利益有紧密联系。所以，机构之间可以相互协作，机构协作的目的是让教职工真正具备管理权力，可以真正参与到学校的管理过程中。教职工代表大会的作用是保护教职工基本权益，监督学校工作开展。学术委员会的作用是负责学校的科研工作、教学工作，商讨和教学科研有关的具体事宜。学术委员会需要保持自身的独立，需要维护学术自由，学术委员会开展的各项活动不应该过多地受到学校行政管理的限制。学校除了可以通过以上两个机构实行民主管理之外，还可以根据自身发展需要设置其他的机构，为教师提供参与民主管理的方式。比如说，可以设立教授委员会、设立校务会。学校民主管理工作的推进任重道远，在推进的过程中，可以积极借鉴学习其他学校或者其他国家在民主管理方面的优秀经验，在此基础上，结合学校本身的发展特点、发展需要逐渐构建起民主形式的沟通协调机制。

（四）融合校企文化，形成特色文化激励

民办高职院校在激励教师的时候，大部分使用的是传统的物质激励方式。之所以使用这种方式，是因为民办学校的相关财务工作不会受到事业单位管理条例的约束和制约，可以自由调控工资发放。所以，民办院校在吸引教师人才的时候更加侧重高薪聘请，但是，这种激励方式很难长久地发挥作用，如果民办院校经常使用工资小幅度上调的方式激励教师，那么，激励作用会越来越不明显。相反，精神文化方面的激励可以长久稳定地发挥作用，在共同理想信念的指引下，教师的工作会更加积极主动，教师也

会从内心深处真正形成为教育事业奉献的积极动力。具体来讲，可以使用以下几种方式：

第一，是在遵循教育发展规律的基础上，使用企业管理精神，开展教学管理工作。高职教育虽然和普通教育有区别，但依旧是重要的教育形式，必须要遵循教育发展规律。高职院校应该为人才设置长远的发展目标，通过目标的引领作用，激励人才成长为应用型人才。

第二，引入企业家的创业精神，可以以此来激励教育者认真对待自己的职业。海南省有很多民办学校，由企业投资经营。企业家在创业当中积累的经验和他们认可的创业精神自然而然也会渗透到学校当中，企业家可以通过创业精神的引领引导高职院校教师认真对待自己的岗位，能够激发高职院校教师的事业心，激励他们在事业上取得更高的成就。

第三，企业的服务精神可以用于激励职业院校注重自身公益服务性的提升。企业想要在市场当中生存，就必须满足客户提出的需要。高职院校教育也是一样，只有满足学生成长的需要、将学生培养成社会需要的人才，才可能在市场当中立足。民办院校的投资企业可以以服务精神为载体，激发教师在岗位上发光发热，为教育的发展服务。

第四，企业对优质的追求精神可以用于激励职业院校提升自身的人才培养质量。高职院校想要在社会当中立足，必须源源不断地为社会提供优质人才，只有提供优质人才的高职院校才会有良好的社会声誉。高职院校应该把优质人才培养当作自身的发展目标，就像企业可以把优质产品的提供当作自身的生产目标一样，优质是企业和高职院校的生命所在。

（五）提高社会地位，增强职业的安全感

第一，树立优秀的教师职业形象。想要在社会当中树立优质的教师形象，那么需要关注以下两方面内容：首先，教师必须素质优秀，其次，学校整体管理水平必须有效提升。在民办院校发展过程中，除了培训教师的业务能力之外，也要对教师展开道德方面的素质方面的教育培训，并且制定评价机制，在学校范围内开展优秀师德师风的培训活动。一旦发现教师存在有违道德要求的行为，应该一票否决，终结和教师的合作关系。除此

之外，学校在招聘教师使用应该严格审查，应该严格评判教师的道德素质水准。

第二，优化教师保障制度。我国可以将民办高职院校教师管理工作纳入事业单位管理工作范围，这有助于民办学校师资队伍流动性的降低，有助于院校构建起稳定的师资团队。

第四章 职业教育人才培养及模式创新

第一节 人才培养及其模式构建

人是促进社会和谐发展的关键因素,国家的建设离不开高素质的人才。在经济时代中,国家和地区的发展与国民素质的高低、人才数量的多少、人才质量的高低有着密切的联系。人才培养的实践活动对和谐社会的构建起着推动作用,从这个层面上看,人才培养不仅是要每个人都享受受教育的平等机会,而且还要与和谐社会的建设相呼应。

当前教育发展核心就是提高教育质量。学校要积极应对科学技术进步、经济社会发展以及学校教育改革所带来的新问题和一系列挑战,增强改革的使命感和责任感,不断提高人才培养质量,不断深化人才培养的模式改革。

关于人才培养,涉及七个方面的问题:①人才培养目标理念的提出与确立;②人才培养对象的确定;③人才培养目标的确立;④开发人才培养的主体;⑤人才培养的途径和方法;⑥优化人才培养过程;⑦人才培养制度的确立。

由此可见,人才培养是一个整体的工程,包括理念、对象、主体、目标、途径、制度与模式等要素。人才培养理念的具体内涵是在怎样的思想指导下培养怎样的人才,它是对教育的本质特征、职能任务、目标价值、活动原则等方面的认识和理解,主要解答了"为谁培养人才""人才应是怎样的""应该如何培养人才"等问题。

哲学意义上的人才培养主要揭示了人才培养的内在规律、价值追求与终极理念；操作意义上的人才培养主要描绘了在理想状态下人才培养模式的系统构想，确立人才培养的程序与环节，指导人才培养的实践活动。

一、人才培养的内容体系

人才培养这一系统工程包含了多个方面，人才培养的理念也包括国家、学校和教室等多个层次。国家层面上的人才培养理念是整个国家人才培养活动的总指挥，它起着领导作用，对职业教育的发展甚至国家发展都具有极其重要的意义。

第一，不同层面的人才培养理念。国家意义上的人才培养理念是指国家对教书育人活动的功能和价值，以及建成怎样的人才来培养生态，如何进行人才培养活动管理，包含对预算投入、领导机制、管理体制等的认知。学校层面上的人才培养理念主要反映在学生观、教师观、教学观、活动观、质量观、科研观以及评价观等多个方面，这种思想既受国家层面教育理念的影响，又受客观条件和学校主体的思想认识的制约。

第二，人才培养的主体。培养主体具体是指由谁来培养人才。学校人才培养的主体主要有培养活动的设计者、组织者和实施者。学校为学生培养活动的设计主体，院系所是学生培养活动的组织主体，而教师与导师则是学生培养活动的实施主体。学校人才培养对象的内涵是指培养谁，学校学生是培养主体，他们在培养活动中施加教育、教学影响，是人才培养活动实施的客体。在人才培养过程中，教育者在教学方面处于主导地位，通过教育过程不断地对学习主体施加教育、教学影响。与此同时，学生在教学的方面承担主要责任，在主动学习的过程中渐渐完成技能外化、品格升华与知识内化的过程。事物的发展变化包含两个因素：内因和外因。内因是事物变化发展的内在根据，是事物运动的源泉和动力，是事物存在的基础，是事物区别于其他事物的内在本质，它规定着事物运动和发展的基本趋势。而外因是事物存在和发展的外部条件，它通过内因起作用，能够加速或延缓事物的发展进程。由于内因是事物发展的内在根据，外因要通过内因才能起作用。因此，教育者在教学活动中也是主体。"培养对象的主体性主要是通过对学习内容的自主选择、学习时间的自主性、学习方法的多样性、学习过程的创新性和探索性等方面表现出来"。

（一）人才培养的目标

培养目标的具体要求是要培养怎样的人才，它主要指一个纯粹的目的范畴，如通才型、专门型、学术型、应用型、创新型人才等。培养途径是指通过何种方式、借助哪些工具，如课堂教学、学术活动、科学研究和社会实践活动等，它强调的是认识与实践活动的关系。培养模式也就是培养过程是根据怎样的模式去实现人才培养目标，是对培养过程的设计和建构，包含教师在课堂教学、科学实验、学术活动和实践活动中到底采取怎样的形式，依据何种程序以及如何安排等问题。人才培养制度在大学制度中处于核心地位。人才培养制度是指用怎样的制度来保证人才培养工作的进行，即是指培养时探索内部组织和运行变化的规律，遵循的相应的规律和采用相关的手段，以实现特定的目标。

培养目标有着广义与狭义之分：广义层面的人才培养制度和学校的整体人才培养过程相关。狭义的人才培养制度和人才培养的具体过程息息相关，主要类型有专业与课程设置制度、导师制度、选课制度、日常教学管理制度、学分制度、实习制度、分流制度等，它包含学校教育教学活动过程中产生的相关规定、具体程序和实施体系。从人才培养的具体过程看，受教育者通过考试进入学校，学校对其进行一系列的培养，他们最终的选择不同，或者继续深造，或者进入社会，从而形成人才培养的完整过程。在学生成长的过程中，都有着学校制度的陪伴，这与人才培养的广义制度有关，主要有教学制度、招生制度、考试制度、研究制度、就业制度等，这些制度事实上组成了一种相互关联的制度链与相互交织的制度网，最终才构成了现代学校制度体系。

（二）人才培养的因素

1. 内部因素

（1）学校中的教师。在学校中的教育者是人才培养的重要主体，是最直接的教育者，在教育活动中发挥主导作用。广义的教育者包括教师、教育计划者、教科书的设计者和编写者、教育管理人员及参与教育活动的其他相关人员；狭义的教育者就是指教师，这里使用的是狭义的教育者。教师是学校中履行教育教学职责的专业人员，应该依法享有多种权利，包括进行教育教学活动；开展教育教学改革和实验；从事科学研究、学术交流；参加专业的学术团体，在学术活动中充分发表意见；指导学生的学习和发展，评定学生的品德和学业成绩；按时获取工资报酬，享受国家规定的福利和待遇以及寒暑假期的带薪休假；对学校教育教学、管理工作和教育行政部门的工作提出意见和建议；通过教职工代表大会或者其他形式，参与学校的民主管理；参加进修或者其他方式的培训等。教师作为知识的传授者和传播者，其文化水平和个人素养的高低直接影响着学校人才培养工作的进行，学校中的教师其作用主要包括：①教育者的智慧和能力是制约人才培养的重要因素；②教育者的人格魅力间接地影响着人才培养的质量；③受教育者地位的平等也在一定程度上影响着人才质量的提升。

（2）学校中的学生。学生是指接受他人的教导并帮助传播和实行的人。人才培养的最终目的是培养高质量的人才，而学校人才培养的对象就是在学校中接受教育的学生。在学校中，学生是有着发展潜力的独特个体，学生的地位和身份都非常特殊：①作为受教育者和质量需求的主体，学生对学校的教育水平和教育质量有着较高的期望和需求；②学生在学校中掌握的知识和能力体现了学校的教学质量和水平，并且学生在一个阶段所掌握的学习技巧是他们继续学习的重要动力。身份和地位的特殊决定了学生在人才培养工作中的重要作用，他们也是影响学校人才培养的重要因素。因此，学校人才培养质量的提升有待于学生充分发挥在整个教育过程和环境中的作用。

（3）学校中的管理者。学校管理者的主要任务有制定培养目标和方针、确定学科发展方向、确立人才培养的标准。此处学校的管理者具体是指教育机构的具体管理和经办者，他接受举办者的委托，全面负责学校的相关管理工作，旨在通过高标准、高水平的管理促进教育产品质量的提升，此处的教育产品包括学校培养的人才、科研成果以及对社会的服务。学校的管理者在学校中占据重要地位，还影响着学校教育质量的提高包括人才培养的质量。

（4）物质和精神条件。条件是事物存在、发展的影响因素。学校人才培养活动要想顺利、有效地进行，必须要依托一定的条件，这种条件包括物质和精神两个层面。就物质方面而言，制约学校人才培养活动的因素主要体现在宏观层面上的生产力水平和微观层面上的学校的物资设备、教学设施与仪器、教育教学技术手段等方面。教学活动的开展有着一定的物质要求：在教育物资低于基准线的情况下，教育的物质要素就成为教育活动能否开展的决定因素。但是，如果这个基本要求已经达到，教育物资的改善只是有利于教育质量的提高的重要条件，不能对教育活动的开展起决定性作用，也不是学校水平或教育质量的根本标志。由此可见，物质资源对学校人才培养的重要性，它虽然不是学校人才培养的决定性因素，但也是重要的影响因素，是学校人才培养不可或缺的条件。就精神方面而言，制约学校人才培养的因素主要体现在宏观层面上的社会生产关系方面，微观层面上主要是指学校教师和学生的价值取向，如教风、学风、考风以及学校的传统习惯等。精神环境的构建对人才培养的作用不容忽视，如果一座学校具备良好的、积极向上的教风和学风，就会对在学校中生活和成长的受教育者产生积极的影响。

上述基本条件调节着学校人才培养活动与外部环境的相互关联，调节着人才培养中主体和客体之间的关系，调节着人才培养活动的形式、规模与目的，从而在整体上都影响着学校的人才培养系统，是学校人才培养的关键因素。

（5）学校的教学内容和教学方法。教学内容是学与教相互作用过程中有意传递的主要信息，一般包括课程标准、教材和课程等。教学方法是教师和学生为了实现共同的教学目标，完成共同的教学任务，在教学过程中运用的方式与手段的总称，它包括了教师的教法、学生的学法、教与学的方法。学校的人才培养主要是通过教学途径来实现。从教育的目的看，学校教育教学和学习的客体是知识，在教育系统中，知识以学科的形式存在。知识作为教育系统的构成因素，本身也是人才培养的对象，教育的本身功能就是传递知识、创造知识、应用知识，以便更好地服务社会。就知识系统而言，提高学校人才培养质量，首要任务是提高课程体系的质量，学校的课程设置决定着学生学习的范围与领域，左右着学生的知识结构；另外就是提高知识创新的质量和运用知识的质量等。在学校人才培养的过程中，向学生传授的知识、设置的专业学科，是影响人才培养质量的重要因素。

2. 外部因素

（1）学校。学校是按照一定的程序、有固定的场所和时间，可以专门用来教育特定对象，传授知识和价值体系的地方。学校在人才培养的过程中也起着相应的作用。学校可以当作人才培养的外部环境，在这一大环境下，学校的发展理念、发展模式、办学思想经过一定的演变，在人才培养的实践中逐渐成熟。一所学校的自身定位、发展规划和办学思路都影响着学校自身的发展壮大。在学校的发展进程中充分展现了人才培养的规格、模式、实现的效果等。人才培养是一个持续发展的实践活动，人们从幼儿园起就开始入学接受教育。除此之外，学生在进入学校之前有着不同的教育背景，在一定程度上也会影响受教育者在校的学习方式和教育内容。

（2）家庭。家庭背景和环境的不同以及家庭培养方式的不同，造成了学生性格、学生学习方式的差异。家庭因素通常是指影响学生成长的家庭环境，这里的家庭指的是狭义范畴的家庭概念，即在婚姻关系、血缘关系或收养关系基础上产生的家庭。家庭对人才培养的影响是一个潜移默化的过程。学生一直生活在固定的家庭环境中，一直都是受到来自父母、亲戚和朋友的影响，形成了独特的人生观、世界观和价值观，这些观念形成的过程是极其缓慢的，所以也就更加深刻。家庭环境对学生在学校中接受教育、形成新的观念产生了很大的影响，这也就意味着，学校是在学生形成固定的人生观念的前提下进行的再教育。因此，不能忽视家庭在人才培养中的作用。

（3）社会。社会是由众多个体汇集而成的有组织、有规则、有纪律、相互合作的群体。社会因素和家庭因素属于同一类型的影响因素，即广义的家庭因素。人具有社会性，每个人都是生活在这个社会中的，不能脱离社会而独立存在，每个人都要与他人进行交流和沟通，接受来自不同的人、组织以及团体的信息和影响。来自社会的需求影响着学校人才培养的标准和结构的确立，尤其是以培养技术应用型人才为主的学校。与学校和家庭相比，社会的影响范围更加广泛，它是在狭义的家庭因素影响的基础上来影响人的人生观、世界观和价值观的形成，但却没有家庭的影响深刻。在另一层面上，社会因素之所以比家庭因素影响的范围大就在于它不仅能够影响个人，而且还能影响到学校。

（三）人才培养的原则

1. 树立科学教育理念的原则

教育理念就是那些关于教育方法的观念。衡量学校教育质量的标准之一就是人才培养的质量高低。要想提高人才培养质量，就要确立科学的教育理念，用科学观念的转变来推动学校人才培养质量的提升。要树立以人才培养为中心的理念，重视人才培养的质量问题。我国学校的本质功能是通过教育活动培养高素质的人才、国家的建设者和接班人，这也是学校赖以生存的基础以及区别于其他社会组织的根本之处。从这一方面出发，就要求学校的一切教育活动都必须以人才培养为中心。教育工作都要体现人才培养的特点，无论何时都不能偏离这个根本问题。衡量一所学校的教育质量不是看它的规模和数量，而是看它所培养出来的学生是否优秀。判断一个教师是否合格、是否优秀，也不能只看他发表的论文数量以及完成科研项目的数量，而应该看他培养出来的人才质量和素质。同样的，衡量一所学校的能力，不是看它一时的规模，而要用发展的眼光看待它，看它对社会和国家所做出的贡献，看它对推进社会发展所做出的贡献。

要关注社会的发展对教育的需要，将社会评价视为衡量人才培养质量的标准。人才培养工作不能脱离社会的实际需求，而要能够满足人的发展需要和社会的需求。学校在教育实践中要以社会评价为基础来进行人才培养工作，将社会的需求体现在人才培养的各个环节上。准确掌握并分析学校学生的就业状况和人才供需情况，将此与学校专业设置与课程安排相结合，为了提高学校人才培养与社会经济发展的适应程度。要落实以学生为本的理念，将其作为教育工作的重要追求，把学生的健康成长作为学校人才培养工作的根本出发点和落脚点，是学校教学工作的关键所在。

学校的教育工作者要以学生为中心，对人才培养工作倾注感情，把关爱学生作为基本点来实施教育工作。学校领导者要公平对待学生，关注学生的需求。一切为了学生、为了学生的一切、为了一切学生也是所有学校永恒的精神追求。此外，要树立以学生评价为先的观念，将学生评价纳入教育教学质量的体系。在具体实施的过程中，要多听取学生对教育教学的意见和建议，要重视学生的反馈，真正将这些建议落到实处，将学生的评价作为改善教学工作、革新教学方法、提升教学质量的强大动力。

另外，坚持树立科学教育理念这一原则要求，要妥善处理学校内部各项工作之间的关系，区分轻重缓急，又要处理好学校自身发展和经济社会的关系，避免在学校中出现根本功能弱化的现象。学校在快速发展的过程中也出现了不少问题，不仅严重影响了学校在群众心中的形象，学校的公信力下降，而且还阻碍了教育事业的发展。造成以上问题的原因是多方面的，但在有关学校办学目标和教学任务的问题上，我们必须要认真对待，确立明确的目标。

明确的目标是指为学校准确定位，通过坚持不懈地建设，明确把学生培养成具备何种素质或者何种类型的人才，这关系到学校的专业设置、课程设置、学科建设等问题，还关系到构建学生综合素质的体系问题，例如，学校学生的心理素质、思想道德素质、实践能力、创新精神以及能够体现文化素养的人才培养问题。学校确定培养目标时必须要从实际出发，重视存在的各种问题。由于现实条件和历史条件的制约，学校存在着发展不平衡的现象，具体表现在专业设置、场所、硬件设备和师资力量等方面。学校在确定目标时，要根据学校的实际条件和现有资源，找准方向，发扬长处，做好学科设置、课程设置、课程体系建设等方面的工作，不可盲目进行，一味追求发展速度。社会经济的发展以及社会分工对人才的需求是不同的，而学校的办学条件和资源却是有限的,不可能培养出社会所需的各种人才。而且,学校的人才培养工作是一个长期而复杂的过程,需要从多方面进行整体规划。在确定人才培养目标时,要综合考虑,不能只重视学生智力的发展而忽视学生德、体、美、劳等方面素质的培养。学校虽然都能意识到全面发展的重要性,但在实践时却出于种种原因不能切实把握好平衡点。在具体的人才培养过程中,只有把学生培养成为拥有完整人格的人,才能最终培养出国家和社会所需要的人才。在崇尚物质至上理念的时代,学校要注重培养学生为人处世的能力,构筑有利于学生成长成才的环境和氛围。

2. 依照规定进行教学管理的原则

教育是指通过专门的教育机构来进行的有目的、有计划、有组织的教育过程,也就是教育者依据社会的需要与发展情况,要遵循受教育者的身心发展规律,以受教育者的积极参与为基础,对受教育者施加影响,使其成为社会所需人才的一种社会实践活动。从教育的具体过程看,教育者和受教育者之间是主动与被动、积极与消极的关系。影响教育效果的因素既包括教育者方面的经验、水平、方法、手段等,也包括受教育者方面的社会生活经历、人生价值取向。不同的教育者所接受的教育内容存在着一定的差异,同一受教育者在接受教育内容的方式上也有着很大的不同。对当代学校学生而言,由于年龄的增长、受教育的层次不断提高、国内外环境的影响,他们的思想观念呈现出多元化的趋势,这些现状给学校的教育工作带来了一定的发展机遇和挑战,如有一些学生强调以个人为中心,有的学生没有明确的学习目标,有的学生崇尚享乐主义,有的学生自制力较差,有的学生一味地沉迷于网络游戏等。对于这些学生,学校应该积极进行教育和保护。根据学生的认知发展规律,学生的思维在特定的环境中具有相应的封闭性,学生对外界的事和物尤其是企图说服他们或是改变他们行为的做法本能地产生一种排斥,通常会被迫接受。学校教育者在对学生进行道德教育时,不能一蹴而就,而要在反复的实践中要不断改进。教育工作既要关注速度,善于抓住时机,又要注重反复的训练、启发和诱导,循序渐进地进行,促使学生形成正确的思想观念,向学校的人才培养目标前进。

做好教学管理工作是学校人才培养的一个重要方面。当代学校的学生由于受到来自社会、学校和家庭等一系列客观环境的影响，在学习目标、成才意识、学习态度、纪律意识、吃苦意识以及生活自理能力方面与过去的学生有着很大的区别。由此可见，对他们要进行日常管理，改变他们的不良行为，帮助他们学会如何学习和生活，培养良好的行为习惯，是保证人才培养质量的关键环节。教育管理是指管理者通过组织协调教育队伍，充分发挥教育人力、财力、物力等资源的作用，利用教育内部的各种有利条件，能够高效实现教育管理目标的活动过程。管理工作的目的就是为了使学生具有一个良好的学习和成长的环境，维护学生的利益，保障学校能够正常运行。学生管理既包括对学生行为的管理，又包括对学生的生活、文体活动、社会工作、社会实践等方面的管理。要使管理有效进行，必须遵循相关的法律法规。依法管理不仅是科学管理的根本所在，而且也是法治社会实施一切管理的必然要求，对学校学生的管理也是如此。

贯彻依法管理的原则，首先要对学生进行管理的依据合法化，也即是学校的规章制度的制定必须依照国家的相关法律法规，不能随意更改学生的义务和权利。此外，要注意根据现实社会条件的变化清理和修改现行的教育管理制度，能够及时废除那些不能适应社会发展以及学生身心发展规律的法律法规；其次，管理者在进行管理时要以既定的规章制度为参照物，确保管理工作有法可依、有序进行，不能随意更改、主观臆断。在实际生活中，由于传统师生观念的影响，学校教师往往会独断专行，认为自己的行为都是合理的，导致管理工作的进展不顺利，大大降低了管理的效果。

3. 准确把握人才培养关键点的原则

要做到立德树人，就是要准确把握人才培养的关键点。在学校教育中要坚持一切以人才培养为核心，将思想道德、科学精神、人文素养和实践能力渗透到人才培养的各个环节中，重点提高学生服务社会的使命感、不断探索的创新精神以及及时解决问题的实践能力。

（1）培养学校学生对社会的责任感。社会责任感是一种道德义务，是指在特定的社会里，每个人在心里和情感上对其他人的伦理关怀和义务。一个具有社会责任感的人，应该具备三点品质：坚持道德上的正确主张；坚持实践正义原则；愿为他人奉献和牺牲。在实践中，要将立德树人作为基本目标，促使学生将个人的梦想和国家的"梦想"联系到一起，将个人价值和社会价值联系到一起，将个人的命运与集体和国家的命运联系到一起，使每一名学生成长为对社会、对国家、对他人有帮助的人。

（2）培养学生的创新意识。培养学校学生的创新精神先要善于激发学生的学习兴趣和积极性，学校应给予学生自由选择的权利，鼓励学生个性的发展，不断挖掘学生的发展潜力，为他们创建独立思考、不断探索和创新的有利环境，使学生在学校中培养出良好的行为习惯，为将来的发展奠定基础。当前，一些学校正在为学生的个性发展制定方案，将本科分为多个培养阶段，帮助学生确立合适的发展道路，建立专业化的标准。学校人才培养的另一个关键点是培养学生的实践能力。实践是世界万物的创造者，没有实践就没有我们现在生活的现实世界。实践是人才培养中的薄弱部分，是提高人才培养质量的重要突破口。要想解决这一难题，首要任务就是增加教育教学实践的机会，提高教学实践在教学中的比重。另外，还要鼓励广大学生参加社会调查、公益活动、生产劳动、志愿者活动、科技创造、勤工俭学等活动。开展校企合作，增加学生实习实践的机会，开发出一批实地训练基地和校外实践基地。还要改进和完善相关的法律法规和政策方针，以促使企业给在校大学生提供实习实践的平台。

4. 建设高素质教师队伍的原则

教师是培养人的专门教育工作者。提升人才培养的质量，关键就在于教师。如今，虽然学校教师的整体素质有了较大提升，但仍然存在一系列的问题，如高层次人才培养的机制不合理、青年人才后备力量不足、教师师德有待提升、教师缺乏责任感等，这些问题的尽快解决，务必要将青年人才的培养作为工作重点，坚持师德为先、教学为主、科研为基础的原则，提升整个教师队伍的素质和水平。建设高素质、高水平的青年教师队伍是教育工作的短板，因此要以"引育并举"思想加强青年人才队伍的建设。

青年教师是学校的未来和希望，是学校发展的潜力之所在。重点培养青年教师队伍：①对外开放。既可以利用各项人才政策建设人才培养项目，也可以制定相关的政策和方针，从国外引进先进人才。在具体引进人才的过程中，要进行全面深入考察，改进人才引进机制，完善学术评价机制，严把质量关，防止学术平平不高的现象出现。②主动出击。既可以依托研修项目，也可以从学校重点学科、科研基地、重大科研项目等入手培养具有活跃思维、宽阔的学术视野、巨大发展潜力的青年骨干教师队伍。③大胆尝试。破除一些负面影响，充分理解、支持和关爱广大青年教师。构建青年骨干教师的成长平台，使主动参与重大课题研究、重大课程建设以及项目决策管理，让他们在教学工作中承担重任。加强青年骨干教师考核评价机制的改革，完善薪酬激励机制，创建流转退出机制，鼓励青年教师进行教学创新，激发青年骨干教师的创造活力。

实践是人的社会的、历史的、有目的、有意识的物质活动，是人类社会发展的共同基础和基本动力。构建教师队伍要从师德建设和创新实践两个环节入手。在进行青年骨干人才的培养工作时，要遵循教育发展的客观规律以及学校教师成长的规律，掌握师德建设和创新实践两个重点，来提升整个教师队伍的素质和水平。

师德，又称为教师职业道德或者教师道德。师德是指教师在从事教育活动中所遵循的行为准则和必备的道德品质，它是社会职业道德的重要组成部分，是对教师行业特殊的道德要求，它在道义层面规定了教师在教育工作中应具备什么样的思想感情、态度和人格，如何处理问题，做好本职工作，为社会做出贡献。教师主要是从知识、方法、品格三方面教育学生，品格是教育工作的最高层次。教师要培养学生的爱国责任感、事业心、团队精神、刻苦学习等品质，以自己的高尚师德、渊博学识、人格魅力去感化学生，为学生的健康成长指出明确的方向。

另外，学校要以规范为基准建立师德考评以及奖罚制度，将师德表现纳入教师绩效考核、聘用与奖罚的体系之中。要加强教师机制的改革创新，建立学校教师社会实践制度，积极构建平台，促进教师专业特点、职业发展与服务社会的有机结合，组织青年教师开展调查研究工作、考察学习、志愿服务，了解国家和社会的发展情况，明确国家的发展前景和趋势，并清楚自身的社会责任和使命。此外，建立学校教师校外兼职或者挂职制度，采取多种渠道有重点有组织地进行挂职训练，参与科学研究的项目，推动教学与社会实践的结合。要不断完善学校教师访学机制，选派优秀的教师到国内外高端大学、科学院所进行在职研修和访学工作，使他们在教育科学的实践中得到锻炼。

5. 具体问题具体分析的原则

具体问题具体分析原则是在矛盾普遍性原理的指导下，具体分析矛盾的特殊性，并找出解决矛盾的正确方法。体问题具体分析的原则要求人们在想问题和做事情时，是不能一概而论，要根据事情的不同情况采取不同的措施。具体到教学工作中就是要坚持因材施教的原则。因材施教原则就是针对学生所具有的不同特点，在关注学生之间差异的前提下，确立不同的发展目标，制订不同的培养计划，采用不同的教育内容和教学方式，使他们发展为具有不同特色的专业人才，也就是指教师要从学生的实际情况和个别差异出发，有的放矢地对不同学生进行有差别的教学，使每名学生都能扬长避短，从而获得最佳发展。社会对人才的具体要求是不同的，每个受教育者的个别特征也不同。如何贯彻落实因材施教的原则，来确保培养出来的人才既具有相同的专业知识，又具有能够适应社会发展的不同特征，是学校人才培养中的重要问题。

要做到因材施教，首先要改革传统的人才培养模式，包括教学过程与教学管理的改革，为学生的发展提供良好的环境。现在实施的选课制度、学分制度以及素质拓展计划就是因材施教的有益探索，需要继续改革和创新。在教学实践中，要处理好课堂教学以及实践教学的关系；在教学方式上，既要注重集体教学的效率，又要关注小班或者自学的学习效果。其次，因材施教原则是要学生提高自身的约束力和自我学习能力。学生在教师的指导下，能够充分发挥主观能动性，养成良好的学习习惯，以提高学习的效率和兴趣。骨干指事物的主要部分、主要支柱、最根本性的成分或部分。在教学中，学生骨干对教育工作的运行起着重要的作用，这是其他部分不能代替的。

学校中学生骨干的作用主要有：①由于和学生间的关系密切，学生骨干最了解学生的真实情况，利于学校的教育者和管理者做好各项工作。学生骨干作为各方面信息的传播者，起着联系学校管理者和教育者的作用，他们将学校教学管理的要求广泛传播到学生群体中。②学生骨干是学校教育工作、管理者及教师的得力助手,在学生群体中起模范作用,是自我管理、自我教育、自我服务的主体。经过专门的培养和训练,学生骨干的政治觉悟通常比较高,且具有较强的凝聚力,在学校教育管理工作中发挥自己的独特作用。学生骨干是课外活动和校园文化活动的组织者和实施者,在创建校园文化氛围中有着独特意义。除此之外,因为多数学生骨干在学习和成长过程中具有独特的个性魅力和较高的综合素质,能对其他同学产生影响,起着示范作用。在培养学生骨干的过程中,首要任务是做好选拔工作,吸收学习成绩优异、思想成熟、群众基础好、工作能力强、有个性魅力、乐于服务他人的学生到骨干学生的行列中。学校学生骨干的培养是一件复杂和漫长的过程,不仅要教授一定的理论知识,而且还要在实践中发展他们的能力;既要严格要求他们,又要关心爱护他们,逐渐把他们培养成具有突出特点的骨干力量。

上述原则是互相影响、相互联系的,而不是分隔开的,这些原则统一于学校人才培养的具体过程中,所以我们必须长期坚持。

(四)人才培养的要求

人是社会的基本组成成分,是构建和谐社会的关键因素。一个国家培养的人才反映了国民的整体素质,是用于生产的重要资源。新编《辞海》中"人才"的定义为:"有才识学问的人,德才兼备的人。"人才培养工作不仅要使每个人都享有平等受教育的机会,而且还要使培养出来的人才与国家建设的需求相适应。

在知识经济全球化和信息化的环境中,在社会发展的新要求下,人才培养面临着新的任务和挑战,仍然存在着许多有待解决的问题。在这种氛围下,我们要树立全面的人才观和质量观,面向所有公民进行素质教育,推动人的全面发展,培养适应社会发展的全面人才。要求学校必须统一思想,坚定不移地向着素质教育的方向迈进。总体而言,人才培养的基本要求主要包括以下内容:

1. 培养高素质的劳动者

生产力是由实体要素和非实体要素构成的一个动态的、复杂的、不断发展的系统。其中，实体性要素包括劳动者、劳动对象和劳动资料；非实体性要素包括生产信息、生产技术、科学技术等。生产者是生产力的三个基本要素之一，是生产力诸要素中最为活跃、最富有创造力的要素，是人民群众的主体部分，它推动着历史的前进，创造了人类世界的物质财富，并为精神财富的创造提供了条件。没有劳动者，生产就无法进行。劳动者能把生产资料转化为现实的生产力，劳动资料只有经过劳动者才能被创造和使用。劳动对象要通过劳动者的努力才能被开发。换言之，劳动者能够激发劳动资料和劳动对象的能量。迄今为止，人类社会的物质文明和精神文明都是由劳动者来创造的。

目前，我国的经济正处于快速发展的阶段。人才培养的重要问题之一就是如何在社会经济环境下培养出高素质的劳动者。对于教育而言，和谐社会培养的对象是人才，学校的教育工作就是为了教育和改变人，最终目的就是为了推动生产力的发展。在和谐社会中的人才培养目的之一就是培养劳动者的思想观念、行为规范、道德情操等，最终的目的是将精神力量转化为物质财富。精神层面的生产力具有不可估量的价值，在同等条件下，劳动者的精神力量所发挥的作用是巨大的。对劳动者进行培养教育，充分挖掘其精神力量潜在的价值，能够从内部推动生产力的发展。教育对劳动者的作用是多层次的，各层次的作用既有区别又有联系，最终才能促进生产力的发展。培养高素质的劳动者需要注意以下方面：

（1）能够激励劳动者。通过人才培养，可以培养劳动者的良好学习习惯、积极的工作态度以及高尚的职业道德，这要求劳动者做到任劳任怨、团结协作、爱岗敬业、遵纪守法、勤勤恳恳、诚实守信。在学习时，谦虚好学、积极进取、持之以恒、踏实刻苦，力争取得好成绩。在劳动时，勤奋努力，不断进取。

（2）有助于劳动者使用正确的思维和工作方法。劳动者一旦掌握了恰当的思维方法和工作方法，操作能力就能得到提升，产品质量和产量随之提升，产品效益也得到提升。生产管理者通过周密的计划、果断的决策、充分的协调，改善经营管理模式，创造出较高的效益。科技工作者通过采用新技术培养创新能力，改进生产工具，革新工艺，提高效益。高科技是一种知识密集、人才密集、技术密集、资金密集、风险密集、产业密集、信息密集、竞争性和渗透性强，对人类社会的发展进步有重大影响的、高端的、精锐的、前沿的科学技术。高科技已成为推动各行各业发展的关键因素。

科技是第一生产力，社会生产力有这样巨大的发展，劳动生产率有这样大幅度的提高，依靠的最主要的是靠科学的力量、技术的力量。在人才培养中若能调动科技工作者进行科技创新的积极性，可以提高劳动人民对科学技术的重视程度。

由此可见，人才培养工作是建设物质文明不可或缺的重要环节，它是推动生产力快速发展的精神动力。我们从生产力的角度阐述人才培养的重要性，就需要兼顾精神文明发展和物质文明的发展。如今，在构建和谐文明社会的进程中，要充分意识到人才培养的重要性，可以充分发挥人才培养在学校中的关键作用，切实做好人才培养的工作。

2.培养先进文化的建设者

先进文化是先进生产力的一部分，指的是以培养有理想、有道德、有文化、有纪律的公民为目标，培养面向现代化、面向世界、面向未来的具有特色的文化，它对生产力和人类社会的发展都有着影响作用。文艺复兴运动作为社会变革的先声，反映了生产力发展的客观要求。培养先进文化的建设者需要注意以下方面：

（1）体现人的发展追求。重新审视过去的文化建设，要从实际情况出发，针对人才培养的客观规律，关注人的最高追求，在国家建设的过程中，建构先进文化要使文化的主旋律深入人心。

（2）关注德行素养。培养国家的建设者和接班人也是人才培养的一个目标。人才培养应始终围绕"以人为本"的理念，要明确培养的目标，重点关注先进文化的建设，突显先进文化在人才培养过程中的有效性。和谐社会先进文化的建设具体到个人，就是培养出内心健康向上、自我完善的人才。我们应从这一实际出发，积极开展各项文化活动，在文化建构的实践中不断融入德育修养的概念，可以不断丰富自己的内心世界，培育乐观向上的健康品质，增强个体的德育修养能力。

（3）创建人文环境。人才培养的客观实际对环境也提出了相应的要求，如充满民族文化传统气息和时代气息、弥漫艺术魅力、具有极强的吸引力等。不同的地方都有着不同的文化特征和历史背景，所学专业的知识、所处的环境也存在着差异。因此，亟须营造极具特色的文化氛围。在这样的环境中，既要加强理想信念教育，也要为国家的建设培养接班人。信息全球化对政治、经济和社会发展提出了新要求，也给人才培养带来了新的挑战。我国的教育事业要根据这个现实，以全面提高国民素质为目标稳固前行。

3. 培养生态文明的实践者

构建和谐社会，实施可持续发展战略，不能忽视生态文明的建设。生态是指生物之间以及生物与环境之间的相互关系及存在状态，也就是自然生态。自然生态有着自身的发展规律。人类社会改变了这种客观规律，把自然生态纳入人类可以改造的范围之内，这就形成了文明。生态文明是人类文明发展的一个新阶段，也是继工业文明之后出现的文明形态。生态文明是一种以人与自然、人与人、人与社会和谐共生、良性循环、全面发展、持续繁荣为基本宗旨的社会形态，是人类遵循人、自然、社会和谐发展的客观规律而取得的物质与精神成果的总和。人类与自然间的和谐关系是一个永恒的话题，人与自然和谐发展是中国思想发展史上的基本理念。人类认识能力及实践能力的变迁，使人与自然的关系经历了一定的历史阶段。工业文明的到来给人们带来了财富的同时，也带来了许多挑战和困难。如今的人们应该从全新的角度重新理解人与自然和谐发展的理念，尊重大自然的客观发展规律，谋求人与自然的和谐共处。

自然环境是人类赖以生存的家园，它是生物的空间中可以直接、间接影响到生物生存、生产的一切自然形成的物质、能量的总和。在自然环境中的物质种类有很多，包括空气、水、土壤、岩石矿物、太阳辐射、其他物种等，这些都是生物得以生存的物质基础。自然环境能为人类的衣食住行提供基本的能源。然而，在经济快速发展的今天，人类的生产和活动造成的环境破坏已经影响到社会的有序发展。气体污染、水污染、臭氧层破坏、资源锐减、森林砍伐、人口增长、水土流失、土地荒漠化、物种减少等一系列问题促使人们不得不对自己的行为后果负责,开始反思。"可持续发展"理念的提出很快得到人们的认可,通过事实证明它是人类未来发展的最佳选择。

构建和谐社会生态文明的要求呼吁人们的积极参与,并成为生态文明发展的维护者和实践者。作为和谐社会生态文明的支持者,我们不仅要关注社会、自己和他人,也要自觉关注大自然。因为关注大自然就是关注我们自己的生活环境,关注我们自己的家园。只有每个人从自身出发,从点滴做起,才能促进可持续发展目标的实现。在建设和谐社会的过程中,生态文明的实践者要关注时代的发展,适应社会的发展变化,把重心放在习惯的养成、创新务实、传承文明上,并注重将所学的理论知识与实际联系起来,以便更好地服务社会。

二、人才培养的模式构建

和谐社会的构建呼吁和综合人才的出现,国家现代化建设也需要高素质的综合人才。人的全面发展是指人的体力和智力的充分、自由、和谐的发展,实现人的全面发展就要兼顾德、智、体、美、劳各个方面的协调发展,就是要使人的个性得到自由的发展,这种理念贯彻到人才培养的具体实践中,就是要培养各方面都和谐发展的多样化发展模式的高素质人才。

(一)培养与群体协调的学生

1.学生与群体的统一性

人的根本属性是社会属性,学校学生作为社会中的一员,必然会受到来自社会的影响。学校学生对群体产生一定作用和影响的前提是充分考虑学生个体与群体的复杂关系。

(1)要明确群体教育的手段,使群体决策成为实现群体教育的基本手段。群体的规章、纪律、行为规范都制约着学生的行为。如果只是由少数群体参与规范和纪律的制定,那它们对学生的制约力不会很高。因此,在制定规章制度时应选用群体决策的方式。所谓的群体决策是决策科学中一门历史悠久与应用价值较高的学科,它要研究如何将群体中每一成员对某类事物的偏好汇集成群体偏好，促使该群体对此类事物中的所有事物进行优劣排序或者从中挑选质优者。作为一种常用的决策手段，群体决策在处理重大事情的过程中发挥着较大的作用。在群体进行讨论时，每一个成员都是决策的参与者，都能表明自己的态度，奉献自己的一分力量。在制定决策时，群体间的交流使大家互相交换意见，每个参与者都能看到问题的各个方面。并且，群体决策主要是通过大家的讨论而产生的，因此能够得到广大学生的支持。但是事实上，许多学校的规章制度都是由教育管理者制定的，学生没有参与的机会。学生只是被动的接受者，以自己的经验和立场来理解这些决策，并不能获得他们的支持，这就减弱了学生学习的积极性，而这些规章制度也不能发挥其应有的教育制约作用。群体决策的主体并不都是大学生。由于学校学生的知识储备、生活经验都存在着局限性，学校教师应该积极发挥引导作用，有机地将个人决策与集体决策结合起来，使这些规章制度对学校学生具有教育和规范作用。

（2）要发挥群体凝聚力在群体教育中的作用。群体凝聚力也可称为群体内聚力，由群体对成员的吸引力与成员对群体的向心力以及成员之间人际关系的紧密程度综合而成，并使群体成员固守在群体内的内聚力量。要发挥群体对学生的教育作用，学生先要愿意融入这个群体，以所在的群体为荣，群体对学校学生有足够大的吸引力。若群体具备了较高凝聚力，群体舆论、群体风气以及群体的制度规范对学生才具有一定约束力，才能更好地实现群体的教育作用。提高群体凝聚力，可以从以下途径进行：

第一，明确目标。学校学生要树立群体活动的目标，这是培养群体凝聚力的基础。只有学生确立了学习和工作中的目标，才能明确自己的职责所在以及与其他同学之间的关系。通过大家的共同努力，让学生间增强了了解，关系更加融洽，友谊得到了提升，并且增加了彼此间的吸引力，从而提升了学生间的凝聚力。

第二，改善群体间的奖罚方式和手段。无论是个人奖励还是群体奖励都会影响群体成员间的情感。个人奖励与集体奖励的有机结合有利于群体间凝聚力的提升。在培养优秀学生时，要适当进行个人奖励能够促进成员之间的团结协作。过分强调群体的成绩，忽视个人的成功，则会削弱个体的积极性和创造性。学校教师在运用奖惩时，不仅应从整体上鼓励和奖励集体行为，而且也要重点奖励和表扬那些做出突出贡献的个人，将群体奖励与个人奖励有效结合起来。

第三，促使群体满足学生程度的不断提高。学校学生往往希望通过参加群体活动来提高自己的能力，满足学生的各种物质需要和精神需求。如果这种需要能得到较大的满足，群体对学生的吸引力也会越来越大，个体对群体的依赖程度越高，群体的凝聚力也就越高。人的需求是多种多样的，学生在群体中不仅要满足求知的需要，还要与人交流，获得尊重和友谊。学校教师不仅要关注学生的学习，而且还要发展学生其他方面的能力，通过各种途径，促进大学生与他人的沟通和交流，发展学生间的友谊，满足他们的各种需求。

第四，完善多种领导方式。在不同领导方式下的群体凝聚力的表现程度也不一样。在民主型的领导方式之下，群体间的成员团结互助，感情融洽，交流频繁，思想活跃，积极性高，群体凝聚力也较高。在专制型或者放任型的领导方式下，学生积极性较低，群体凝聚力也有待提高。

2.学生在群体中的独立性

人不是被动的接受者，而是具有主观能动性的主体。学校应该培养出在群体中能够保持独立人格和独立思想的人。现代科技的发展促成了网络的产生，网络时代给当代学生提出了新的要求。网络社会主要具有以下三个特点：

（1）开放的信息。网络社会给人类提供了广阔的交流空间，在这个空间中信息得以流通，组建成一个宽阔的信息空间。网络中信息的开放对学生的影响既有积极层面又有消极层面，它能够培养学生的交流能力，也可能导致他们受到不良信息的侵害。

（2）空间的虚拟性。网络社会是以虚拟技术为核心的虚拟社会，人与人之间的交往是虚拟的，由符号组成，人的行为也具有了虚拟的特点。

（3）交往的广泛性。网络社会具有分散式的结构，没有中心，也没有层次。与现实社会相比较，网络社会具有更为广阔的空间。在这一广阔空间中，人与人的交往更容易实现，既能够与一个人联系，也能够同时与多人进行沟通，交往具有普遍性，使每一成员都能广泛地加入社会生活。

为了能够更好地应对网络时代所带来的各种挑战，不能单纯依靠学生的自身力量，学校也要承担一定的责任。学校要转变观念，对学生加强教育。学校可以从三个方面进行改进：①增强教育的开放性。单纯的教育已经不能适应当今社会的发展。学校的教育也是如此，在网络化社会，学校要充分利用网络资源和技术，不断地创新教育方式。②转变教育形式。传统的教育尤为注重学生接受知识的能力，而忽视了培养学生的自主选择和判断能力。③更加注重自律的作用。要引导学生在使用网络资源时，进行自助筛选，还要抵制不良信息的侵蚀。

（二）培养身心和谐发展的学生

1. 身体和谐

人类的身体结构十分复杂，人体就像是一个和谐的小宇宙，而身体的和谐是人体和谐的基础。我国的传统教育长期以来都将身体健康和生理健康作为一个重要的价值标准。孔子的"六艺"中将身体素质和运动技能教学放在了较高的位置。蔡元培提的"五育并举"的教学理念，将生理的发展列入和谐的人不可缺少的一部分，这都体现了教育家们对学生生理发展的极大关注。

《中华人民共和国教育法》是我国教育的根本大法，此法的颁布标志着中国的教育工作进入了全面依法治教的新阶段，对我国教育事业的发展以及我国的物质文明和精神文明建设都产生了重大而深远的影响，它总结了我国多年来的教育改革经验，也将生理和谐、身体的健康发展作为人才培养的一个基本要求。培养身体和谐的学生，需要注意以下方面：

（1）生理和谐的人应具备良好的身体素质。身体素质通常是指人体在活动中所表现出来的速度、力量、耐力、灵敏、柔韧等机能。身体素质是一个人体质强弱的外在体现。良好的身体素质是人类进行生产劳动和各项社会活动的基础，又是保障人的各项素质得到发展的重要物质条件。良好的身体素质不仅能够产生巨大的能量，而且还能有效保证人的各个器官与肢体高效率地进行各项工作。从人类的生物进化历程我们可知，人类肢体的活动和功能的进化促进了脑的进化过程。即使现代社会出现了各项高科技，人类的智能在人的活动中扮演着越来越重要的角色，仍然代替不了身体素质的作用。

具备良好的身体素质的必要性，主要体现在：①人的生产活动、审美活动、认识活动、社会活动都需要人类付出体力。②良好的素质体现着心理机能的健康发展，肢体的发育促使心理活动的进行。肢体的活动能够提供给脑充足的氧气，引起脑体内核糖核酸的增加，来促进脑的成长发育，提高脑的机能和活动效果。与此同时，高效的身体活动和良好的身体素质能带动与心理活动密切相关联的感觉器官、神经系统的发育和身体机能水平的提高。③良好的身体素质可以支持人类肢体进行深刻而复杂的活动，使人类获得准确的信息，从而使人获得坚强的意志、愉悦的心境、乐观的性格，促进人的科学素质、心理素质以及其他素质的发展。

（2）生理和谐的人能够较好地顺应人体发展的自然规律。

第一，学校学生应基本了解人体系统的结构和机能，当他们具备了充足的知识储备，才能更好地按照人类生理活动的规律与特征锻炼身体、参加活动。反之，如果学生对人体的结构系统毫不了解，盲目地进行锻炼和开展活动，就有可能会损害身体健康，甚至阻碍身体的发展。

第二，学校学生应该培养自己的良好作息习惯，按时休息，要注重穿着、饮食以及身体的卫生，讲究正确的姿势坐、立、行、卧，积极开展体育活动，进行健康的娱乐活动以及适当的体力劳动。适度使用大脑和眼睛，及时纠正不良的生活习惯和嗜好，尽量避免有损身体健康的行为出现。学校学生还要培养自身对体育活动的兴趣和爱好，只有对体育活动产生了兴趣，才会从心底里接受它、关心它，并参与其中。

第三，学校学生还要掌握体育课程的基础知识和基本技能。对体育运动知识的掌握有利于加深学生对体育活动的认知，了解体育活动的规律与特征，并结合自身的特点，将知识与体育实现完美结合。体育运动技能是一种熟练的动作方式，它主要形成于体育运动的具体过程中。学校学生具备了一定的体育运动技能，才能促使他们体育锻炼的顺利进行。体育运动技能的不断提升，不仅能激发学生对体育活动的浓厚兴趣，还能增强学生进行体育训练的信心，培养他们自主进行体育锻炼的良好习惯。最后，大学生要有主动参加体育活动的决心和毅力，有自觉锻炼身体的意识。个体身体素质的提高必须通过自身的积极锻炼，这是任何人都无法替代的。因此，学校应当培养学生参加体育运动、锻炼身体的自主性和积极性，自觉强身健体。

2. 心理和谐

人体是一个复杂的系统，主要由生理与心理、社会与环境等多方面因素综合作用而形成。心理素质以自然素质为基础，在后天环境、教育、实践活动等因素的相互作用下逐步形成，是人类整体素质的重要组成部分。心理素质是先天和后天的有机组合。心理素质包含认知能力、兴趣、需要、动机意志、情感、性格等智力及非智力因素。这些心理素质具体到日常生活中，表现为人的情感状态、承受挫折的能力、独立行动的能力、自信心、健康的人格状态等。心理的和谐发展表现为这些方面的良好状态，以及与环境、社会和人自身发展的关系。

（1）心理和谐第一个表现为具有保持心理健康的能力。心理健康是现代人健康不可分割的重要部分。人的生理健康标准不同，心理健康也有不同的标准。心理健康的基本含义是指心理的各个方面及活动过程处于一种良好或正常的状态。心理健康的理想状态是保持性格完美、智力正常、认知正确、情感适当、意志合理、态度积极、行为恰当、适应良好的状态。与心理健康相对应的是心理亚健康。心理健康从不同的角度有不同的含义，衡量标准也有所不同。"另外，心理健康也指一种持续的心理情况，主体在这种情况下能进行良好的适应，具有生命的活力，并能充分发挥其身心的潜能；这乃是一种积极的丰富的情况，而不仅仅是免于心理疾病。

（2）心理和谐的第二个表现在于能够合理化解不同压力。随着整个社会的不断变迁以及生活节奏的加快及激烈的竞争，人们生活的稳定性降低，导致了人类生理和心理发展的失衡。在这种社会背景下，很多人表现出了消极的意志，如焦虑不安、理性自控能力减弱、感情易冲动、行为失范、产生身体疾病等。在学校中也如此，科技的快速发展和经济竞争的日益激烈，使大多数教师都处于高度紧张的状态之下，从而导致了精神疲惫、身心劳累。而心理和谐的人就能够应对这些状况保持一种淡然的心态，以平和的姿态面对快速变化的环境。

（3）心理的和谐的第三个具体表现，是拥有优良的个性心理倾向、主动的自我意识、优良的性格特征和独立主体的意识。个性心理倾向又称为个性的动力结构，是构成一个人的心理和行为的动力系统，主要包括动机、需要、兴趣、信念、理想、人生观和世界观等心理成分，对个性的形成和发展起着一定的调节作用。

动机是由需要引起的，想要满足各种需要的特殊心理状态及意愿，引起动机的内在条件是需要，外在条件是诱因；兴趣以需要为基础，具有稳定性、倾向性、广度、效能四种品质。

需要是一个人产生心理活动的基本动力，是个体对生理和社会的需求在人脑中的反映，人不仅有最基本的物质需求，而且还有多种精神需求。信念是意志行动的基础，是个体的动机目标与其长远目标的相互统一，没有信念就产生不了意志，更不会产生一些积极主动的行为。

理想是对未来事物的想象和希冀，是人们的世界观、人生观和价值观的集中体现，它是人们在实践的过程中形成的、有实现可能的、对未来社会与自身发展的向往与追求。

人生观指人们对人生目的和意义的根本看法，主要通过人生目的、人生态度和人生价值三个方面具体体现，它不仅决定着人们实践活动和行为的目标、人生道路的方向，还决定着人们的价值取向以及对待生活的态度。

世界观是指人们对世界的基本看法和观点，具有实践性，人的世界观不是静止不变的，而是不断更新、不断变化、不断完善的。

主体性指的是人在实践过程中所表现出来的地位、能力和作用，也就是人的主动、自主、自由、能动、有目的、有计划地进行活动的地位和特性，它是市场经济社会对人的心理素质的较高要求，是人的现代性的突出特征。在学校学生应该做自我学习、自我生活和自我发展的主体，明白自己是生活和学习的主人，要尽力发挥自己在各方面的主观能动性，主动学习如何管理自己的生活、学习和教育，确定自己的发展目标，挖掘自身的潜能，发挥自己的个性特长。人的个性心理特征，就是个体在社会实践中表现出来的较为稳定的成分，如能力、气质与性格。

学生应树立积极向上的人生态度，养成良好的意志品质和情感品质。良好的情感品质也就是性格的情感特征，具体表现为稳定、适度、正常并充满活力和朝气，它能够促进身体健康与智力发展，提升实践活动与智力活动的效率，有助于人们正确做出选择和决定。良好的意志品质也就是指性格的意志特征，是指个体在调节自己的心理活动时表现出来的一系列心理特征，自制力、自觉性、果断性、坚定性等是主要的意志特征。自制力是指人们能够自觉控制自己的行动和情绪，不仅善于阻止与既定目标不符的动机、愿望、情绪和行为，而且又善于激励自己勇于执行决定；自觉性是指个体自觉地执行或者追求长远目标任务的程度，其外在的突出表现是兴趣、热情等，内在的主要表现是职责意识、责任心等；果断性指的是人们能够快速合理地做出判断，并及时采取决定和执行决定，人们若能具有果断性的品质，能够快速地思考行动的目的、动机、方法和步骤，并能够准确估算可能出现的结果；坚韧性指的是一个人具有坚韧不拔的意志和顽强不屈的精神，敢于克服一切困难并执行任务，在任何困难或者威逼利诱面前不动摇，持之以恒地实现目标。此外，学生还应该热爱生活，积极创造自己的生活，正确享受美好生活，养成活泼、开朗、乐观、朝气蓬勃的性格。有了这种积极的性格，在面对生活中的各种紧急事件和情况都能坦然应对，可以快速地适应环境的变化，保持身心的健康，提高活动的效率。自我意识是指对自己身心活动的关注，也就是自己对自己的认识，不仅包括对自己生理状况、心理特征的认识，也包括对自己与他人的关系的认识。

自我意识具有社会性、意识性、同一性、能动性等特点。自我意识的结构包括知、情、意三个层次，由自我认知、自我体验及自我调节三系统构成，它属于人的心理调节系统，协调着人自身的心理活动间的关系，协调着人的心理、行为与环境间的关系。自我意识是在人自身的先天条件与一定的环境条件下形成的，有了积极的自我意识，人才能够积极地发展和完善自己的基础。因此，自我意识也是心理和谐的基本内容。

3. 身心和谐

学校学生的身心和谐不仅表现为动手能力与动脑能力的和谐，而且也表现为智慧操作与技能操作的和谐，还表现为身体机能与心理机能的和谐。人的身心和谐，是指一个人身体健康、知识渊博、人格完善、能力全面，应该包括生理和心理的和谐两个方面，并在这两者之间达到一种平衡、协调、整体互动的状态。无论是学校、教育者还是学生，在进行评价时，都应把能力作为衡量身心和谐发展的重要标准。其中，智力和能力一直为人们所关注。智力和能力之间的关系存在三种观点：一是苏联学者强调能力包括智力，能力是一个整体概念，而智力只是其中的一个组成要素，即与一般能力相对的特殊能力；二是西方学者的观点，他们主要主张智力是一个大范围的概念，而能力是其组成部分；三是我国学者的观点，我国学者强调智力和能力是两个相互独立的概念，既有联系，也有区别。

智力是能力的基础，而能力是智力的表现。我们可以将两者合称为智能。现在实施的素质教育要求提高公民的思想品德、科学文化水平、身体和心理素质以及劳动技能，培养各种能力，发展人的个性。培养智能对学生智力和能力的提升起着主导作用，在不断完善人的其他素质方面，也起着一定的作用。如智力因素对非智力因素就有一定的促进作用，智力因素的多种特征可以直接转化成性格的理智特征，有益于人的个性的完善。此外，智力素质的提高能够优化学生的品德，能够提升他们掌握科技知识及技能的能力，增强学生体质。

需要注意的是，培养创新型人才是学校人才培养的重要目标之一，在这其中，智能发挥着巨大作用。创新素质是指人在先天因素的基础上通过后天环境和教育的影响所获得的在创新活动中具备的基本心理品质与特征。

创新意识首先属于一种怀疑的意识，不迷信任何传统；其次它是指一种不安于现状的精神意识，试图找出更好地解决问题的理论和方法；再次，创新意识就是一种好奇心，指在面对未知的事务时保持一种强烈的探求欲望；最后，就思维方式而言，创新意识属于发散式的思维习惯，指人们遇到问题时善于从不同角度、不同方面进行反复尝试。

创造能力包括两个方面：一方面是指发现和解决问题的能力；另一方

面是实践的能力。发现问题和解决问题的前提是具有丰富的想象力,大胆提出可能存在的所有问题,并极力设想解决问题的最佳途径。在提出问题和解决问题的方法之后,就要用逻辑思维能力对这些问题进行严密的逻辑论证,挑选出最关键的问题以及最佳的解决方案。在问题已经确定、方法已经找到之后,就要求进行实践,通过实际的操作,将解决问题的方法逐一进行实践。由此可见,智能素质是人的创造意识和创造能力的基础。学校学生智能素质的提高关键就在于创新素质的培养。

人才培养要以创新素质为核心,培养和提升学校学生的智力和能力水平,使他们具备较强的创新能力、适应能力以及研究拓展能力,以便更好地为知识经济服务。在知识经济时代的市场带头人应具备六种基本素质:①扎实的知识基础,突出的创造才能;②对市场发展方向具有敏锐的洞察力和判断力;③具有经济头脑,对当前以及未来的市场需求极其敏感;④善于学习,不断从行业和市场中汲取能量,设计出让消费者满意的产品;⑤拥有锲而不舍的决心和持之以恒的毅力;⑥能够团结和带领一支队伍,这些素质都要以高水平的智能素质为基础。

另外,知识经济的发展,意味着人类正在逐渐迈入以知识储备为依托的经济时代。知识经济所带来的影响将决定着全球经济的力量。在未来的发展中,知识、将是最重要的经济因素,推动社会生产中的诸多劳动形式向以智力为主的方向发展。知识的生产必须要依靠人脑的力量,而人脑是智力的主要载体。未来的国际竞争演化为人脑智能开发的竞争,各国都非常重视智力的发展。近年来,各国对大脑的研究投入逐渐加大,并不断取得新成果。我国学校也应将人脑开发作为人才培养的一项长期任务。

(三)培养人际关系协调的学生

人际关系是指人们在生产和生活的过程中逐渐建立的一种社会关系,这种关系会影响人的心理,在人的心理上形成一定的距离感,具体表现在人与人交往中关系的亲密性、深刻性、协调性、融洽性等心理方面。学校中的主要人际关系有师生关系和同学关系。师生关系指教师和学生在教育、教学过程中形成的相互关系,包括彼此的地位、作用和相互态度等,它是一种较为特殊的社会关系和人际关系,是学校教师和学生为实现教育目的,通过各自独特的身份和地位通过教学活动而形成的多层次、多质性的关系体系。师生关系与师生间的共同需要、意愿、个性特征等有着密切的联系,尤其是教师的工作作风对师生关系有着重要影响。同学关系的内涵比较丰富,既包括正式的同志关系、学习关系、领导和被领导的关系,也包括非正式的志趣相投、心理相容的同伴关系以及相互排斥的竞争关系。

1. 人际关系和谐的作用

(1) 和谐的人际关系能够帮助学生获取更多的有效信息。学生可以从书本上学到的知识是十分有限的,尤其是在新信息不断涌现的现代社会,通过建立良好的人际关系,能够促使学生以多种途径快速获取信息。由于交往范围的不断扩大,学生能够认识更多类型的人,了解更多的信息,交流更多的想法,获取更多的资源。

(2) 和谐的人际关系能够帮助学生了解自己以及了解他人。《老子》第三十三章中有:"知人者智,自知者明。"所谓自知就是自我意识,是对自己身心活动的觉察,也即是自己对自己的认识。学生的自我意识并不是自然形成的,而是通过与他人的交往,在与别人的不断交流中逐渐发展起来的,即:①学生通过与同伴的交流能够发现和找到自己与他人的相似之处,发现别人身上的优点和长处,在与他人的比较中发现自己的不足;②学生能够借助他人对自己的评价及态度,以及对照自己与他人的关系来更好地认识自己。

(3) 和谐的人际关系能够为学生提供更多的自我锻炼的机会。人们总是希望别人认识自己、了解自己并信任自己。只有不断扩大自己交往的范围,才能使更多的人认识、了解自身。学校学生同样需要别人的了解和赏识,通过接触更多的对象,来增加学生自我表现的机会。

(4) 和谐的人际关系有利于学生成为一个社会化的人。对学生而言,重要的是与同伴交往,因为这种交往是一种平等地位上的交往,在与同伴的交往中,学生会发现他们的某些言行举止是同伴喜欢的,从而会增强这些言行举止出现的频率;反之,就会减少出现的频率。这样,学生就逐渐学会了调整自己的行为,形成积极的自我认可。

（5）和谐的人际关系能够促进学生身心的健康发展。学校学生与其他人一样，都有着交往的需求，这种需求一旦得到满足，就会产生一种安全感和归属感；如果这种需求得不到满足，则会产生抑郁、不安、孤独的情感，同时也会产生更多的生活和情感问题不利于身心的健康发展。

2. 人际关系协调的实现

（1）协调的人际认知。人的认知指在与他人进行交流接触时，根据他人的外在行为表现来判断他人的性格特征、心理状态、行为动机和意向的过程。人际认知是人际心理关系的前提。交往双方都可以通过彼此的交往确立认知，有助于实现良好的人际关系。在建立认知时，对他人要公正对待，不能抱有偏见，要全面认识交往对象，既看到他的优点，也不能忽视他的缺点。在进行评价时，应注意给交往对象以更多的积极、肯定的评价，少给否定评价。求实、正确、公正的评价能够赢得交往对象对你的肯定和理解，这在一定程度上也会增强对交往对象的信心，这样的做法有利于建立和保持良好的认知关系。另外，由于认知经验、价值观的不同，会出现认知不协调的现象，这时就要设身处地的为对方着想，要站在对方的角度考虑问题，进行自我认知，不断提高自身的素养。

学校学生人际关系的协调主要突出表现在对待人际冲突上的反映和态度。冲突包含两个必要因素：一是被双方感知；二是存在意见的对立或不同，并带有某种相互作用。冲突主要有破坏性冲突和建设性冲突两种。破坏性冲突具有以下特点：①双方的目标不一致；②双方对自己的观点都非常自信；③不愿意倾听对方的意见和建议；④由开始时对观点和问题的争论发展为性质恶劣的人身攻击；⑤相互之间很少或者不再交换情报，这些冲突十分不利于组织或者群体的发展。

建设性冲突则具有相反的特征：①双方具有一致的目标；②双方都很关注要实现的共同目标；③愿意倾听对方的意见和建议；④双方围绕着争论的问题，互相交换情报和材料。这种冲突有利于组织和集体的团结。学校学生对双方交往的目标、利益、关系等都要先有一个正确的判断，这样才能找到双方的共同点，能够促进冲突、矛盾和分歧的解决。学校可以通过开设一些专门的训练课程来帮助学生掌握一定的解决问题的方法和技巧，针对不同的问题应该采取不同的应对措施。当冲突不激烈，或者还有更为紧迫的问题需要解决时，就要先解决紧要的问题。当收集信息比立刻解决问题更为重要时，就要优先收集资料。当这一问题是其他问题的导火索时，可以采取回避式解决方案。当其他人能够更快地解决问题时，就要寻求他人的帮助。当发现自己的想法是错误的，想要倾听他人的正确做法时，当该问题由别人组织比自己组织更有利时，当别人超过自己，占有更大的优势时，为了给以后的事情建立基础时，就要根据实际情况来确立不同的解决方案。

（2）协调的人际情感。情感是态度的部分，它与态度中的内向感受相互协调，是态度体现在生理方面的一种稳定而复杂的生理体验。交往双方在交往过程中形成的情感相互作用、相互影响、互为因果，其中一方的情感和行为还会影响另一方的情感体验和行为。一方对另一方流露真情，对方会接受这种情感，对他们产生信任和依赖，并欣赏和认同对方的行为，这时双方之间的关系就变得和谐，一方也会朝着另一方的期望发展。这种良性关系的构建，关键就在于提升学生们的基本素养。反之，如果学生之间的关系紧张，情感疏远，拒绝对方提出的合理要求，这都会对双方的关系产生影响。学校学生最突出的两种情感是竞争与合作、吸引与排斥。人际竞争指的是个体或者群体充分发挥自己的潜能，按照优胜的标准使自己的成绩超过对方的过程；人际合作指的是人们为了某种共同的目标而在一起学习、工作或者完成任务的过程；人际吸引指的是个体与他人之间情感上相互需要、相互喜欢、相互依赖的状态，它是人际关系中的一种肯定形式，按照吸引的程度，可以将人际吸引分为亲和、喜欢与爱情；人际排斥指的是交往对象之间发生的相互敌视、相互疏远的现象，主要特征有感情冲突、认知失调、行动对抗。

对于学校学生人际情感所表现出来的特征，一方面要教育他们学会团结协作，培养他们的集体意识和团队精神；另一方面要尽力帮助那些有困难的学生，使他们发觉受排斥的原因，改进自己的态度和为人处世的风格，使个体融入集体之中。学校学生不仅要学会互相合作，而且还要学会适当的竞争，共同创建良好的班级人际关系。要注意引导学生懂得理解他人、尊重他人。因为通过指挥、管理、教育等恰当的行为，会达到尊敬和服从的效果。通过支持、帮助、同情等行为，会达到信任和接受的目的。通过信任、尊敬、表扬、求助等行为，就会达到帮助和劝导的目的。

（3）协调的人际交往。人际交往又称为人际沟通，指个体借助语言、文字、肢体动作或者表情等手段将有效信息传达给其他个体的过程。协调的人际交往先要具备一定的交往品质。学校学生应注重培养四种交往品质：①是待人亲切温和。在与人交往的过程中，温和很重要。"和"的具体内涵包括：为表和蔼、说话和气、和睦相处，与人交往要和颜悦色，有意见时要和风细雨、心平气和地讲出原因。亲切温和的态度主要通过言语、面部表情以及对别人的热情关心等方面表现出来。只有为他人着想，与他人一起分享快乐和痛苦、成功与失败，才能获得真正的友谊。②宽容豁达，这表现在能够听取来自不同群体的意见，包括相反的意见，能够容忍他人的过错，能够原谅他人的错误，做到不计前嫌，还表现在能够虚心接受别人的批评，发现错误及时改正。③诚实正直。诚实是指真实地表达主体所拥有信息的行为，正直是指与人相处时坦诚以待，没有隐瞒。敢于伸张正义，同不良现象做斗争。诚实正直能够带来尊重、信任、钦佩和友谊。④忍让克制。生活在这个日新月异的社会，我们应该学会适应社会，而不能要求社会为自己改变。一个人若不尊重别人的想法、一意孤行，这在人际交往中是不可行的。忍让和克制是人人应该必备的修养。学校学生在与人交往的过程中要有一定的克制力，不能被不良事物所影响。和谐的人际交往还要求学校学生掌握相应的交往技能。

与人相处需要具备一些基本的技巧，这通过交往的实践才能实现，主要包括：①倾听的技巧。倾听是实现有效沟通的最佳选择，善于倾听才能达到思想感情的通畅。善于倾听他人意见的人也能更好地处理人际关系。倾听他人意见时，要耐心、虚心，并主动反馈，给予答复。②与人交谈的技巧。交谈是人与人之间、人与群体之间思想与感情的传递和反馈的过程，以求思想达成一致和感情的通畅。在人际交往的过程中，与人交谈时，要能够意识到双方的重要地位和角色，意识到言语双方的合作性。换言之，要清楚自己的责任不仅仅是要表达清楚心里的想法，而且还要兼顾通过何种方式交谈才能引起对方的兴趣。在谈话时,要表达清楚自己的意见,并主动根据对方的反应来调节自己的谈话内容和谈话方式。在交谈时要注意选择合适的话题和谈话的方式,同时还要注意话题的转移以及交谈时的一些细节问题。

要实现人际交往的协调,学校学生还应尽量克服交往中出现的障碍,要及时处理交往中存在的各种问题,做到具体问题具体分析。每个人的个性不同,有的人胆小怕事,有的人不擅长交友,有的人小心谨慎,有的人忌妒心很重,有的人比较小气。应对这些具体的问题也是和谐的人际关系的内容。有的学生在与陌生人交往时,往往比较拘谨,甚至还伴有焦虑、抑郁、恐惧等不良情绪。面对这些情况,学生要树立信气,在丰富自己知识的同时增加一些实践活动。要特别注意嫉妒所带来的不良影响。嫉妒是指人们为争取一定的权益,对幸运者或者潜在的幸运者抱有的一种贬低、冷漠、排斥或是敌视的心理状态,这对学生的身心发展而言是不利的。要想克服这种心理,学生们要提升自己的认识水平,掌握正确思考问题和解决问题的方法。同时还需要不断地反省自身,弥补不足。

第二节 人才培养的全面质量管理及其方法

一、人才培养的全面质量管理

全面质量管理(TQM),原本属于企业管理的范畴,其定义为:一个组织以质量为中心,以全员参与为基础,目的在于通过让顾客满意和本组织所有成员及社会受益而达到长期成功的途径。具体是指以质量为核心,企业全体员工和相关部门齐心协力,通过运用专业技术、管理技术以及科学方法,来提供给顾客满意的产品的全部活动。

（一）人才培养全面质量管理的可行性

产业是指具有某种同类属性的经济活动的集合或者系统。"产业"一词作为专门术语被运用于教育领域，主要是由于国际上的人力资本理论。人力资本管理并非是一个全新的系统，而是以人力资源管理为基础，将人的管理和经济学的资本投资回报结合起来，把企业中的人视为资本进行投资与管理，并依据不断变化的人力资本、市场情况以及投资收益率等信息，对管理措施及时进行调整，以期获得长期的价值回报。人力资本理论带给教育的最大启示就是揭示了教育的消费性和生产性之间的关系，尤其是探讨了教育对于社会及个人来说都是一种特殊的生产过程。相对而言，这种过程对于个人而言收效更大。由此可见，人力资本理论的基本观点之一就是教育具有生产性。

教育是一种具有全局性和先导性的基础产业。对职业教育产业属性的确立，必然有助于形成全新的教育市场，各学校作为教育的主体进入教育市场，展开激烈的市场竞争。总而言之，实施全面质量管理的可能性主要体现在以下方面：

1. 符合教育产业的需要

"学会经营"正逐渐成为国际上部分学校的一种办学理念。在这里，学会经营并不是指真的学会经营，而是指要学会管理。教育活动与经济活动相比，在目的和本质上有着根本性的区别，但在教育过程特别是在管理与运作方式上存在着相似之处。在长期的经济体制下，我国的学校往往不需要经营，更没有学会如何经营，一切都按照既定的程序进行，国家与相关部门作为资源供给的主渠道和重要途径，保证了学校的生存空间。我国学校的教育体制改革特别是内部体制改革，最缺少的就是现代管理理念，而产业管理理论将有利于在这一领域来实现较大的发展和突破。

当下教育产业理论重新兴起的真正指向不在于对教育产业属性的探讨，而在于运用产业经营管理的理论，改革教育运行机制的方法，以及如何提高我国教育质量与教育资源的效益，这并不是要求学校完全遵照企业的模式来运转，而是学校应该如何运用那些能够提升自身质量和效益的产业运作方式。由于高等教育质量问题日益凸显，人们必然会关注产业的质量管理理论，并从中选取适合学校的质量管理理论及方法。

2. 顺应改革形势的发展

当前，学校的重要主题就是追求教育质量。职业教育从大众生活的边缘逐步发展成为社会进步的重要推动力的同时，人们对职业教育质量的需求也更加迫切。当前我国学校教育的市场化趋势愈来愈明显，存在着引入企业管理模式与思想的客观需要。此外，由于我国学校对教育质量问题的密切关注，国家相关政策以及学术界内也有人开始研究全面质量管理在学校实施的问题，他们试图借鉴国际上全面质量管理的思想，不断改进我国学校的教育质量，这些措施都为我国学校实施全面质量管理活动奠定了良好的基础。

当前学校要完善人才培养质量标准体系和健全教育质量评估制度，建立健全符合国情的人才培养质量标准体系，落实文化知识学习和思想品德修养、创新思维和社会实践、全面发展和个性发展紧密结合的人才培养要求。另外，还强调学校要努力改革教育质量评价以及人才评价制度，进行由政府、学校、社会各方面以及家长参与的教育质量评价活动，完善人才评价与选用制度，为人才培养营造良好环境。而在人才培养的环境中，某些重要因素会影响教育的决策及变革，这里能够极大地影响决策及变革的某些因素就是指全面质量管理。由此可见，国家良好的改革形势为学校实施全面质量管理提供了可能性。

维护并且发展好最广大人民的根本利益是以人为本理念的具体体现。经济的全球化以及信息化的飞速发展促使了广大人民群众与时俱进，不断接受新的观点。职业教育的管理者与相关人员也日益意识到，如果不进行改革，仍沿用以往的管理模式，学校就会丧失生存和发展的空间。此外，在一定意义上，文化是广大人民群众的精神家园，优秀文化的传承是一个民族得以发展、生生不息的血脉。学校作为提供优良丰富文化产品的重要场所，要不断满足广大人民群众的精神文化需求，做好在校学生的思想道德教育工作，使他们具备知荣辱、守诚信、讲正气、做奉献、促和谐的良好风尚。要完成这些目标，学校必然要大力发展公益性文化事业，以提升教育的质量。中国的传统文化具有极强的向心力及震撼力，广大人民群众肩负着弘扬传统文化的历史重任，十分迫切需要学校提高自身的教育质量。而学校要想提高教育质量就必须改变现有或者旧有的管理方式。实施全面质量管理是转变现有管理方式的关键途径。因此，广大人民群众的迫切需求也为学校实施全面质量管理提供了可能性。

国民素养是评价一个国家教育质量最直接的方法。如果一个国家的每一个公民都具备良好的素质，那么这个国家的整体素质就比较高。良好的国民素质不仅有益于个人，而且对国家的发展也有益处，社会对学校高素质人才的需求是一个不断变化、动态的过程。国家在不同的历史时期对人才的评价标准也不同，并且这个标准越来越高。国家要想富强，民族要想实现伟大复兴，必然要大力发展科技，大力发展教育事业，培养高素质的人才队伍。学校的办学宗旨就是为社会和经济建设培养高素质的人才。学校教学质量的提升是培养高素质人才的保障，而高质量的教育和教学就要依靠高水平的管理来进行保障。企业界与国外学校已用实践证明，实施全面质量管理方法具有提高学校质量管理水平，实现质量持续改进的功能。可见，在学校实施全面质量管理能够不断提升学校的教育教学质量，这也是当代学校提高质量的必然选择。

3. 有利于学校教学管理

全面质量管理在学校中取得的成果证实了其在实施质量控制与企业管理方面的科学性及适应性。全面质量管理已经发展为一场无论是在工商业界还是公共组织领域都在进行的质量革命。

在理论上，将全面质量管理引入学校教学是可行的。只要存在需要运用现有的资源满足消费者需求的情况，全面质量管理模式都是能够适用的。虽然全面管理模式最初是运用于企业的生产部门，企业的产品质量标准和学校的人才培养质量标准，企业产品的生产过程和学校的人才培养过程有一定的差别，但两者在质量管理的目标以及实现质量管理目标需要控制的条件等方面有着相似之处。企业和学校的质量管理目标都是按照社会以及消费者的需要提高产品和服务的质量，来提高管理部门的工作效率和效益。

为了实现质量管理的目标,两者都要控制诸多影响因素,充分调动一切部门、一切人的主动性和积极性;为提高产品和服务的质量,两者也都要控制产品或者服务的生产全过程。由于两者在质量管理中有着诸多共性,企业的全面质量管理理论移植到学校的教育领域是可行的。就全面质量管理模式的原则而言,其中的任何一个原则都适用于学校的教学管理工作。

(1)高度关注消费者需求和利益的原则迫切要求组织内的每一个成员走出其所工作的狭小天地,同他们真正服务的对象对话和交流,主动倾听消费者的意见和建议。学校的消费者可以分为内部消费者和外部消费者两个部分。内部消费者就是指学生。为了吸纳更多的生源,学校必须不断加强内部管理、改善课程设置、改进和完善教学环境,确保教育质量的稳固提升。外部消费者主要包括学生将来的雇主、投资人以及学校股东等。当前,在任何一所学校,在密切关注内部消费者利益的同时,也要兼顾同外部消费者的合作与交流。

(2)持续改进质量标准的原则要求每一个组织不断改进人事、生产、信息等各方面的管理目标与水平,从而使消费者更为满意,这一原则同样也适用于学校的教学管理。由于社会环境的不断变化,致使校内外消费者对学校教学的要求越来越高。基于此种原因,任何一所学校都应遵循外部形势的变化,不断调整办学目标,从而向着更高、更好、更强的方向持续改进。

(3)决策科学化的原则要求管理人员要实事求是,不能单凭个人主观印象或者其他传闻来做出决定,而是要将时间花费在科学论证上。由于学校教育国际化、大众化、市场化时代的来临,学校越来越注重以事实为依据、以科学的论证为手段进行全面的质量管理工作。

(4)尊重个体的原则要求每一个组织都要将人视为最大的资源,尽可能地将主动权交给组织中的每一个成员,这里的个体在学校领域不仅包括学生,也包括组织内的每一个员工。关注个体的原则体现了管理的本质,即以人为本,它以尊重个人的价值为前提,强调全员参与管理,增强团队精神以及协作意识,这使学校中所有层次的管理者以及院系中的每一位教师都能够认识和理解学校的总宗旨以及目标,明确自身的职责,进而提升学校的工作效率。

4. 助于指导学校管理实践

对于学校而言，如何保障人才培养质量的高水平是其一直关注的问题，而应用全面质量管理为提升人才培养质量提供了新的思路。从全面质量管理的原理出发，结合学校教育的实践，我们可以有更广泛的思考空间。

（1）对企业而言，最重要的是要让消费者满意，尽量满足消费者的需求。在市场经济背景下，学校也有自己的目标市场，无论是学生产品还是教育服务，唯有准确适应目标市场的需求，符合目标市场的要求，这种学校的教育质量才可能是高质量的。学校的质量观必须从"合格"向"适用"转变，要面向社会和市场，培养出适合社会发展的人才。

高等教育的消费者不仅包括学生，还包括用人单位。学生不仅是高等教育的消费者，也是学校的终端产品，而用人单位也是学校产品的顾客。要使消费者感到满意，一是要令学生感到满意，让学生对学校所提供的人才培养的所有条件和资源都感到满意；二是要令用人单位感到满意，让用人单位对学校培养出来的产品，也就是毕业生感到满意，这种满意所追求的目标是要让学校在学生以及用人单位所关注的领域尽力做到最好。为了让消费者感到满意，学校应与学生和用人单位保持定期的交流及联系，时刻关注他们关心领域的变化。在学校日益呼吁人才培养适应社会发展的当下，这一点极其重要。

（2）学校全体员工都要积极参与到人才培养的质量的提高上来。学校应积极制造机会让教师与管理者明确自身所从事工作的目标及意义，也就是应该做什么、如何做、为何要这样做、如何做得更好，并能够及时获取必要的反馈信息，这也就意味着，学校的所有工作都应该以人才培养质量的提高为中心来展开。高等教育的根本任务就是人才培养工作，这与全面质量管理理论中的"全员参与"相吻合。

（3）全面质量管理理论认为，质量的提升就是一种不断改进的过程，也是全面质量管理理论中较为关键的一点，亦是颇具争议的一点。对质量的追求是一个终极的目标，最关键的就是一直保持持续改进，而不能停滞。人才培养的质量需要提高，并且是持续提高。人才培养质量的提升是一个持续量变的过程，持续的人才培养质量的改善是必需也是可行的。对于学校而言，要一直关注人才培养质量的提升，不能将人才培养质量视为是静止不动的，而且要明确这是一个长期的过程。

（4）从实际情况出发进行管理是对学校管理者所提出的最基本要求，但又是相当困难的要求，它要求学校的所有管理活动必须建立在全面了解人才培养的现有情况以及学校内部的情况上，管理者要充分了解来自各个层面的信息，如人才培养方案的目标、计划、设计、实施、反馈等多方面的信息，并依据事实情况而不是凭借自我认识或者感觉做出决策。很多学校都认为自身是按照社会发展的要求进行变化和改革的，而事实上，学校的这种变革并不是依据现实情况进行的，所以不能真正反映出社会的要求。因此，学校在根据事实进行管理方面做得并不够，人才培养工作和社会需求的真实情况之间存在着一定的差别。由此，按照事实来进行管理对于学校而言也是一个迫切的要求。

综上所述，结合基本原理来看，运用全面质量管理理论来指导学校的人才培养工作不仅是可行的，而且是相当必要的。需要注意的是，在学校实施全面质量管理不是一件简单的事情，这对任何一个学校来说都是不言而喻的。成功的全面质量管理以及不断持续的质量改善需要很长一段时间才会取得明显的效果。在学校中实施全面质量管理还要考虑文化以及组织结构方面的因素。另外，开展全面质量管理工作还要根据具体的国情，因为相同的理论与成功的经验在不同的文化背景下会产生不同的作用。我国的教育制度与其他国家的高等教育制度相比，既存在共性又具有自身的个性，这是必须要涉及的问题。对于学校自身而言，最为关键的问题是要从实际的应用出发，主动地运用全面质量管理的理念与方法为质量的提升服务。在借鉴国外职业教育全面质量管理的模式进行管理时，要能够结合我国的具体国情，将全面质量管理的理论运用于学校教育质量的管理工作中，不能全盘吸收，而应该去粗取精。

（二）人才培养全面质量管理的注意事项

目前，大众化教育过程中产生的各种问题及矛盾都与学校的教育质量分不开。在学校的教育体系中，要提升毕业生的就业率，必须要提高教育的质量。一个国家就业率的大小依赖于经济的发展水平，而经济的发展水平与国家的繁荣程度又依赖于学校培养出来的大批高素质人才。这就意味着，学校若能培育出大量具有创业能力以及创新意识的人才，就能够起到推动社会发展，提升社会的就业率，最终推动学校毕业生就业率的提高，使学校教育和社会呈现出良性发展态势的作用。总结起来，实施人才培养全面质量管理需要注意以下方面：

第一，加大投入，加强管理，建立科学、高效的质量管理体系。学校要提高质量，关键是要从软件和硬件两方面着手。在软件方面，要加强管理，建立起科学、系统、高效的质量管理体系，这是提升学校教育质量的关键所在。从现实情况来看，学校的教学质量管理已逐渐成为高等教育领域关注的重要话题。关于如何依据学校教学活动管理的特征，将全面质量管理引入学校教学管理的实践中，是学校教育领域的重要研究课题。

当前，学校教学管理的趋势大致有：①越来越重视督导职能，并建立新的评价机制；②进一步推行素质教育，实施教学质量全面管理的理论教学，全面质量管理是全员参与的管理，是对制约教学质量全部因素的管理，是对教学全过程进行的管理，是促进全体学生全面发展以及持续发展的质量管理；③对教学行政管理队伍进行改革，调整和优化人员配置，提升管理的效率，重新认识和定位管理的目标以及管理的方式，研究在全面质量管理的背景下，如何保障教学管理的质量和效率；④坚持以人为本，提倡主体性原则。教育管理针对的是人，人是有思想、有感情的，并且是具有个性的主体，不同的个性影响着人们的工作方式，因而，实施有效的教育管理必须要立足于人的管理；⑤发展性原则。对学生进行督导和管理不是最终的目的，最终的目的是促进人的发展。

当前，知识经济的发展，各国间的竞争已逐渐发展为科技和人才的竞争，也就是国民素质和教育质量的竞争。在这样的前提下，国家相关部门强调大力实施素质教育的思想，将开展素质教育视为各级各类学校进行教育教学改革的重点。素质教育事实上就是一种质量教育。关于职业教育大众化后如何提升学校的教育质量，部分学校指出应转变思想观念，重新确立大众化高等教育质量观，不断加大对学校的教育投入，对学校教育资源进行合理配置，加大学校的管理力度，实现全面质量管理。

第二，更新管理理念，加强教学质量评估。全面质量管理本来是企业界的一种管理方式和理念，后来逐渐应用于学校。一些国家先后成立了教育的质量评估、鉴定与管理机构。我国教育界也开始关注这一问题，目前为止，许多学校已经开始了建立教育教学质量保证体系以及实施教育教学质量保证体系认证的有益尝试，并取得了一定的成绩。而贯彻学校质量管理的系列标准，对学校各方面的工作进行全面质量管理，正是提升教育质量的重要途径。

另外，学校教育活动中的所有要素都处于可控制范围内，符合质量标准，因此具有较强的可操作性。随着市场经济的快速发展，中国教育体制的改革必然要与国际接轨。引入全面质量管理的理念，是学校教育发展的必然趋势。我国学校实施全面质量管理，不仅能够大幅度提升我国学校教育的质量及水平，还能够通过改革的实践为制定质量管理的专业标准服务，进而为全人类的教育事业发展做出贡献。面临机遇与挑战，我们必须主动做出选择。

20世纪80年代以来，我国各个阶段的教育取得了长足的发展。目前学校传统的管理理念、人员素养以及管理模式已经不再能够适应社会以及学校教育的发展。我国教育界也开始探讨一些相关的理论问题，其中就包括教育质量与其保障体系的问题。我国学校在取得成绩的同时，也显露出一些不足。因为招生规模的数量增长幅度超出了各项投入的幅度，导致教育资源的供给不足、学科专业的失衡和教学管理的滞后等问题的产生。在师资需求方面，数学、外语、计算机等基础课程的任课教师短缺，一些教师对教学不够投入。还有一些教师不能将主要时间和精力放在教学上面，而是放在其他诸如研究上，导致教学不认真、不备课等各种教学事故的发生。在教学管理方面，由于学校大规模地进行扩招，办学自主权逐渐扩大，学校与社会的关系日益密切，经费的来源途径变广，服务的对象也呈现出了多元化的特征，这些都增加了学校管理工作的难度。由于学校学生人数的大量增加，给招生、学生的思想政治工作、教学管理、后勤管理、学生就业等带来了许多新的矛盾。长时间以来，学校管理者的思想还封闭在相对狭窄的空间内，不能走出校园，到社会上广泛吸收各种管理经验，并将其融入教学管理的实践中，导致管理水平难以提升。总而言之，更新管理理念，加强教学质量评估是非常有必要的。

（三）人才培养全面质量管理的实施过程

1.制订整体计划，实施准备项目

学校全面质量管理是一项复杂的工程，不是一朝一夕就能够完成的，需要经历一段时间和一定的过程。因此，唯有确立明确的目标和工作计划才能保障工作的正常进行。学校全面质量管理的目标分为近期和长期。近期目标主要着眼于质量工作的基本建设，包括对学校的质量文化财富进行估算，发扬优质文化；对不利于文化发展的做法采取措施进行矫正或者清除；引进和借鉴国内外优秀的质量文化成果，改造本校的质量文化，建设高效率、极具特色、富有时代特点的质量文化；认真学习和贯彻国家关于提高学校教育质量的精神，从质量标准、思维方式、行为规范、人际关系、团队精神、校园文化、管理体制、规章制度、协调机制等方面加大力度，进行改造和提升。长期目标要与预期目标保持一致，根据国家及学校的长期发展规划制定，主要从环境、制度、基础设施等硬件以及精神、思想、意识形态等软件方面入手，进行大致的、分阶段的规划和设计。目标的确定利于大家形成统一的奋斗目标，也给管理部门提供了监测评估的标准。要制订整体的计划，全面实施准备工作可以从以下方面做起：

（1）全校师生以及员工对全面质量管理工作的认同。学校要实施全面质量管理，最基本的是要让全体成员了解其内涵，它强调的是一种以"顾客满意、持续改善"为中心的管理理念，它必须要渗透到学校教师及管理者的每一行为中，才能有一定的成效。在具体的实践中，可以通过多种方式强化全面质量管理的理念并逐渐构建学校的文化氛围。在实践初期，可以组织一些有关全面质量管理知识的培训班，利用多媒体在校内局域网上进行全面质量管理的宣传和介绍；在学校广播定期播报或者在学校公告栏上定期刊登一些有关全面质量管理知识的文章；安排中、高层管理者以及普通教职员工去实施全面质量管理；到较为成功的企业或者学校参观学习，也可以通过录像、电视等形式增强感性认识，让学校的每一位员工都能明白全面质量管理的实质，并主动将这种新的管理理念逐步贯穿到自己的思想及具体的工作当中去。

形成教学全面质量管理的统一认识后，还要再次进行调查研究，找出自己学校的薄弱点。唯有充分认识到学校的现状，意识到存在的问题，才能建立符合学校需要的教学全面质量管理体系。调查研究的内容应包括：①本校应当遵循的国家与地方政府颁布的法律、法规、法令、条例等，其中包括对学校进行综合或者单项评估的标准等；②收集国内外有关质量体系的新标准；③深入调查和研究本校教育教学过程的各阶段、各环节的质量状况，存在的问题，各部门所应承担的质量职责与完成情况，相互之间的协调关系等。调查方式可利用召开座谈会，发放调查表，调阅以前的教学工作总结、教学质量分析、会议纪要、科研及其他管理记录、重大教学事故分析报告、内部考试、考核与评审的结果及原始记录等各种档案资料，到各大用人单位进行毕业生追踪调查等。尽量掌握真实、完整的第一手资料，也可邀请校外专家帮助咨询，进行调查分析，找出问题所在。只有这样才能有针对性地建立有效的，符合国情、校情的教学全面质量管理体系。

（2）发挥领导作用，完善组织体系。开展全面质量管理，学校的领导应负主要甚至是完全责任。领导的重要作用是实施全面质量管理的基本原则之一。学校领导要高瞻远瞩，以调查研究为基础，就学校引入全面质量管理理念建立教育质量管理体系的问题进行调查研究，从必要性、可行性等方面，关注人力、物力、财力以及时机等。在全面质量管理中，学校领导的表率作用尤为重要，学校领导要亲自参与管理工作并积极地推动，这样才能做好全面质量管理工作。

（3）采取有效措施，实现上下级之间的沟通。在学校的质量教育管理中，沟通至关重要，尤其要注意沟通策略与说服策略的使用。进行有效沟通的关键环节有四个方面的内容，具体如下：

第一，提升沟通的主动意识，树立正确的沟通理念，明确沟通的目的，制订沟通计划。良好的沟通主要包含一些基本要素：真诚、表里如一、彼此信任、相互理解。这些要素都是沟通的根基，这些要素的形成需要不断进行口头强化和实践反复验证。在平时的教学科研中，教师要引导大家树立正确的沟通理念，增强沟通的主动性。形成主动沟通的意识后，还要明确沟通的主要目的。目的如果不明确，信息就不能够得到良好的组织，沟通就会无法进行。明确了沟通的目的后，还需要制订相应的沟通计划，如沟通哪些具体信息，与谁沟通，在哪个时间沟通，用怎样的方式沟通，沟通过程如何进行等。

第二，严格遵循沟通的原则，积极搭建沟通平台。实现有效沟通的前提是遵循诚实性原则、及时性原则、完整性原则、准确性原则以及策略性原则。领导在进行决策时，必须严格遵照"集体领导、民主集中、个别酝酿、会议决定"的基本原则，完善决策程序。教师在进行学术交流时，也有必要建立科学合理的机制，构建一种平等的学术对话平台，让不同的思维以及研究思路能够进行有效沟通。构建良好的沟通机制，使全体教职员工能够积极自主地发表自己的意见与看法，这需要做到两点：一是要使大家避开凭借组织体制给人带来的压制和压力；二是要为全体教职员工提供一个可以快速了解学校政策及管理工作的途径和自由发表意见、反馈信息的平台，以引导组织内非正式渠道的人际沟通能够有序进行。

第三，加强沟通知识的宣传工作，提高学校领导者和教师的沟通能力。大学属于知识型组织，如何进行知识的管理，如何管理好知识型员工，是一项十分艰巨的任务。领导干部只有具备了良好的管理素质和领导能力，才能胜任学校的领导和管理工作。所以，加强对领导干部和大学教师的知识培训，提高他们的管理和沟通技能，实现学校内部的有效管理和沟通，有利于缓解学校的内部矛盾，推动学校快速发展，培养更多的优秀学生，创造出更高水平的科研成果。

第四，善于倾听，有效思索，使沟通渠道更为完善。在进行沟通的过程中，倾听是非常关键的一个环节。如果人与人之间能够认真地诉说和倾听,并互相做出积极的反应,就会在群体间形成一种良性循环,从而达到真正的相互理解。理想的沟通呈现出的是网状,不仅有纵向的传播,还有横向信息的流动,这样才能促进信息准确、及时地传播。例如,可以设立领导信箱,任何人都能够用匿名或实名的方式直接与领导对话。这样,不仅可以听到更多的来自基层的真实的声音,还可以促进全体师生主人翁意识的提高。

(4)开展质量教育,构建质量文化。质量管理开始于教育,终结于教育。学习新的质量理念与管理理念,提升所有成员的参与意识、服务意识和质量意识,是将全面质量管理理念引入学校教育质量管理体系构建的重要步骤。这是一项最基础的工作,同时也是一项为期较长的工作。而对于教育工作者来说,主动参加教育改革的方案至关重要。通过开展质量教育,全面质量管理强调的管理理念理应成为学校每一位管理者和教师的育人理念。全体教职员工要主动将这种新的育人理念逐渐贯穿到自己的思想和具体的工作行为当中去,从而实现教育质量的全面提高。

开展质量教育的主要目的是构建学校的质量文化。质量文化可分为物质、制度、道德、行为四个层面的内容,它是学校组织文化的重要组成部分,影响着学校成员对质量的看法,并决定着学校的质量评价标准与质量提升方式。学校的组织文化是学校隐含的核心精神,它与组织机构、规章制度等"硬"性因素不同,组织文化属于学校的"软"性结构,能够外化为学校成员一致的行为方式,它渗透在学校组织中,所有成员都会感受到它的存在,并受到它的影响。在职业教育全面质量管理体系中,质量文化的核心价值观包括:①让用户满意,尽量满足并超越消费者的需求;②进行不断改进,因为教育质量没有最好、只有更好;③质量不是个人的事,而是所有人的事情。

质量教育的基本内容包括以下内容:

第一,学校全面质量管理的基本理论。通过质量教育的学习,全体管理者、教师与服务人员都要了解全面质量管理的内涵,以及在学校实施全面质量管理的必要性,学校实施全面质量管理的潜在优势有哪些,应该树立怎样的产品观、质量观和顾客观等。

第二，关于质量意识和责任感的教育。在质量教育的内容中，质量意识和质量责任感的教育是经常性的、长期的教育内容，这一教育包括五个层次：①培养教职员工的社会责任感，使他们树立为国家和社会培养高质量人才的使命感和责任感；②培养对学生高度负责的精神，使教职员工树立主动关心爱护学生的意识；③培养对学校高度负责的精神，树立教育质量与学校的生存和发展密切相关、依赖质量生存和发展的意识；④培养对他人高度负责的精神，每个教职员工都要树立"一切为了顾客"的思想；⑤培养教职员工的事业心和成就感，使他们树立"提高个人生活质量"的意识。

（5）谨慎开展试点实践。全面质量管理作为企业的成功经验总结，应用到学校教育领域，引进和创新需要有一个批判性反思的过程。实际上，不管在企业界还是高等教育界，吸纳革新都是极为复杂的过程，但这并不意味着要从头做起，而是要关注眼前需要解决的问题，变革和创新应是各种现实行动的演进。在借用外来观念时，先要不断地进行调整，转化为自己的解决方案，从而使最初的想法与结果都发生革命性的变化。

需要明确的是，一些过程可以脱离其他过程，独立地进行改革，也就是在全面采纳和完全反对之间找到一个平衡点。很多学校都已经意识到，完全实施全面质量管理并不是长久之计，迫切需要对有待解决的问题进行革新。我们可以先在企业部门中尝试实施全面质量管理的试点工作，如基建、后勤、财务等部门，使其成为学校实施全面质量管理的起点，进而在学校推行全面质量管理的理念。

2. 提高成员素质，适应发展需要

在学校的全面质量管理中，人是最重要的因素。全体员工只有牢固树立以质量为本的意识和思想，充分认识教学全面质量管理的作用，并具备相关的质量管理知识和技能，具备从事学校全面质量管理的能力，才能有效地实施教学全面质量管理工作，提高教学的质量。

（1）竞聘上岗，加强理论学习

如何提高管理者的素质，做好全面质量管理工作，应从以下方面入手：第一，采取公开招聘、竞聘上岗的方式选拔人员。学校是人才云集的地方，职业院校在构建师资队伍的同时，也要重视管理干部队伍的建设，将那些素质高、水平高、能力强、善于开拓、主动创新的人才吸纳到管理队伍中来。通过竞争机制，选拔一批高学历、高职称的教师和研究人员到管理队伍中来，优化管理队伍的结构，提升整个管理团队的素质，从而使管理效能得到最大限度的发挥。

第二，树立以理论指导实践的意识。高标准的管理要求学校管理人员用科学的管理理论充实自己的头脑，并将理论运用于管理工作实践，从经验管理过渡为现代科学管理。与此同时，管理干部的提高也离不开岗位上的实践锻炼，尤其是干部的轮岗制度，不仅能够锻炼培养管理干部多方面的才能，使其成为多才多能的行家能手，还能够加强各院、系、部之间的互相沟通，促进管理工作的协调发展。

第三，树立为广大师生服务的意识。学校管理者要牢固树立管理服务意识，心甘情愿地为广大师生服务，主动为群众排忧解难，努力创造条件为广大师生办好事办实事。由于知识经济时代的到来，赋予了管理工作全新的内涵，学校管理要关注质量、效益已成为人们的共识。除此之外，学校管理人员还要不断地提高创造力，不仅要有敏锐的认知能力和丰富的想象能力，还要有开拓进取的能力。

（2）加强师德和师能建设

针对学校存在的问题，加强广大教师的师德、师能建设已经成为一项刻不容缓的任务。

第一，明确师德建设的重要性和紧迫性。学校教师必须充分认识到师德修养的重要性，在教育和教学过程中，真正将其内化为教师个人的道德素质。这要求我们将师德建设置于教师教育工作的首要位置，渗透到管理工作的全过程中。认识是第一位的，只有认识到位了，行动才能到位，师德建设才能真正提上议程、得到落实、获得成效。

第二，关爱学生，树立正确的师德观。进行师德建设的前提是要更新教育观念，确立"以学生为本"的师德观。以学生为本不仅是一种师德观，也是一种教育观。作为师德观，以学生为本就是指以教师的发展为基础，鼓励教师将自主发展作为目标，以爱为中心，以理解学生、尊重学生、信任学生为前提。用以学生为本的理念来构建师德内容，可以使教师拥有舒适、幸福、愉快的从教氛围，还可以更好地探究如何在市场经济条件下增强教师的师德能力以及道德选择能力，增强教师的自主意识、合作竞争意识、终身学习意识与创新精神。作为教育观，以学生为本就是以人为本。教学活动是面向全体学生的教育，是民主、自由、平等和开放的教育，这种教育要求教师尊重、了解学生的需求，以民主、平等的态度与学生进行交流和对话，逐渐树立现代教育的"以人为本""以学生为本"的师德理念，营造一种民主、自由、平等、宽松、和谐的教学氛围。在实际的教学过程中，教师要经常鼓励学生积极参与，形成合作关系，开展学习和研究。通过这种方式，教师能够有效地激发学生自主探索未知领域的热情，提高学生主动学习的积极性和创造性，给予他们最大的关怀，使他们在现有的基础上实现最大程度的发展。

第三，坚持德治和法治相结合。师德建设是一个逐渐由外部他律转变为内在自律的过程。师德建设的德治是指通过高尚的道德信念来约束教师的言行，师德建设的法治是通过科学的规章制度来约束教师的言行。

在德治方面，应注重加强对教师的思想教育，做好教师的思想政治工作，通过多种形式的政治学习使教师的认识形成统一，不断凝聚人心，激发教师的工作热情和积极性，联系社会的发展，引导教师正确对待社会改革发展中出现的新情况、新问题、新困难、新矛盾，客观看待当前的经济形势和社会问题，增强教师的忧患意识与改革发展的使命感。通过采取灵活多样、行之有效的方式和方法，教育教师实践教育方针，爱岗敬业，热爱学生，为人师表，恪守学术道德，尊重他人的研究成果，用自己的高尚品德和人格魅力教育和感染学生。

在法治方面，应注重加强制度建设。制度建设是师德建设的重要保障，也是师德建设的重要内容。学校要结合新形势和教师思想道德发展的新动向，大力推进教书育人、敬业奉献等活动，将教师道德规范要求融入到有关的法规与各项具体政策中，并渗透到教育改革和管理的各个环节，与此同时要构建师德建设的校内外监督机制，推动师德建设向健康、积极的方向发展。

第四，通过在职培训或者继续教育，提高学校教师的教学能力。关于学校教师的思想政治素质和业务素质的基本要求，不仅包括能够量化考核的外在要求，还包括能够量化考核的内在要求，这些是对学校教师素质的最基本要求。

由于一些青年教师拥有较高学历但缺乏教学经验，因此，有针对性地对他们进行教育学、教育心理学、教师职业道德等方面的培训是极其必要的。有条件的学校可以对每门课程实行主辅讲制，通过有经验的教师指导新教师的办法，使青年教师尽快掌握教学方法与教学策略。对于青年教师，学校要为他们提供攻读硕士、博士以及出国进修的机会，促使他们尽快成长起来。同时还要加强对大学教师的在职培训，培训的内容要与社会发展的需要相适应。所谓的适应就是要依据现代科技的发展情况和学校改革发展的方向选择培训的教学内容，紧密联系学校实际情况，主动进行深入而细致地调查研究，要注意根据教师的需求设置培训项目。

随着学科的日益发展和变化，不断涌现的新兴学科、边缘学科、交叉学科要求教师经常更新知识，调整知识结构，培养在信息时代获取知识的能力。在教学内容上要注意将基础知识与专业知识相结合，在教学范围和程度上要坚持将普及与提高相结合。

第五，重视科学研究，提升业务学习能力，培养学校教师的创新能力。教学和科研是学校教师的两项主要活动。教学活动是教师向学生传授知识的过程，科研活动则是教师自身增长知识的过程，同时也是培养教师开拓精神与提升教师创新能力的一个重要途径。教师要经常进行科学研究，并注重日常的积累，要通过科研工作带动教学工作，并用教学实践活动促进科研工作的进行。要成为一名合格的大学教师，科研与教学都不能放松。有了平时的积累，教师在授课时就能够体现出自己的研究成果与心得体会，讲述自己的见解、观点和思想，才会对讲授课程的内容了然于胸，这样才能取得良好的教学效果。教师唯有将科研与教学有机统一起来，才会获得高水平的科研能力与高质量的教学能力，才能培育出具有创造意识、独创精神与创新能力的新型人才。

学校教师既要掌握本学科领域的知识，还要重视相关学科知识的学习。作为一名合格的教师，还必须掌握教育学理论，应该尽快使自己成长为一名教育学专家。掌握了教育学理论，结合自身的教学实践，能够更深刻地理解高等教育规律，更容易掌握学生的认知规律、学习规律，这样就能够根据教育规律来开展教学活动，进行教学实验改革，探索新的教学方法，根据学生自身的特点和兴趣进行因材施教，确保教学质量持续上升。

第六，加强教师管理体制的建设。提升教师的职业素质，教师管理制度的建设也是极其关键的：①在教师的选聘上，要根据"按需设岗，公开招聘，平等竞争，择优聘用"的原则，将教师聘任制和教师资格制度有机结合，打破终身制。在管理过程中秉持"优胜劣汰"的精神，保证教师的质量；②对教师评估体系进行强化，将管理部门、领导、同事、学生的评估与教师自身的评估结合起来，发扬优点，改正缺点，推动教学和科研工作的持续健康发展；③邀请或者聘用知名教授进行授课，提升其他教师的教学科研水平，打造一流的教师队伍，还可适当聘用一些兼职教师，加大同社会的横向联系，培养师生的实践应用能力；④进行考核，完善激励竞争机制，激发教师的教学潜能和工作积极性，逐渐提高教师的待遇，这些措施都将更有利于激发教师为教育事业献身的精神；⑤学校各级行政管理部门要树立为教师服务的意识，清除长官意识，尊重教师、尊重科学、科学管理、民主决策，营造温馨的工作氛围，使教师得以在宽松民主的氛围中工作，为教育事业做出突出的成绩；⑥发挥榜样的作用。榜样的力量是无穷大的，充分发挥优秀教师和老教师的作用，宣扬他们在教书育人和科学研究过程中所体现出来的崇高敬业精神，并将此作为开展职业道德和职业素质教育的动力，构建一种淡泊名利、崇尚事业的氛围，进而能够坚定教师为人民的教育事业奋斗终生的信念。

（3）重视对行政人员的培训，提高其综合素质

第一，培养行政人员的服务意识。不断引导学校行政人员树立公仆意识，逐步淡化职位意识，增强岗位服务意识，也就是强化他们为教学服务的意识，为广大师生服务的意识，以及为人民服务的意识。和传统服务相比，

大学行政人员所提供的服务要突出两个转变：由被动服务转变为主动服务，由一般化服务转变为优质高效的服务。在具体的教学工作中，要以教学的中心工作、服从和服务于领导的中心工作为自己一切工作的出发点和落脚点，自觉地为教育服务、为领导服务、为教师服务、为学生服务，并能将它们有机地结合起来。

第二，促进行政人员职业道德素质的提升。责任心是整个道德大厦得以建立的基石。要想切实有效地开展新形势下的职业道德教育，推动行政人员的道德提升，就必须紧紧抓住培养行政人员的责任心这个出发点，夯实道德建设的基础。要通过开展各种形式的教育活动，在全校范围内大力宣扬爱国主义和集体主义思想。要不断培养管理人员的责任意识与自律意识，时刻提醒管理人员，尤其是各级领导干部，要不断提高自身的思想觉悟，加强道德修养，做到自重、自省、自警、自励，廉洁奉公，勤政为民。要想培养行政人员的责任心，不仅要依靠教育进行引导，还要依靠制度进行约束，只有两者真正结合，才能发挥最大的作用。

第三，学校行政人员要提升自身的科学文化素质。学校行政人员要具备较高的科学文化素养，这是行政人员做好行政管理工作的基本前提。行政人员既要掌握现代的科学知识体系，还要掌握相应的教育学、管理学等专业知识。要掌握一定的计算机科学知识，能够熟练使用计算机进行科学管理工作，利用互联网获取外界的大量情报信息，并能在实际工作中灵活运用已掌握的知识。同时，学校的行政人员还要具备较高的外语水平，这样有助于更好地了解其他国家职业教育的发展现状及未来发展趋势，学习和吸收国外先进的管理经验，不断提高管理水平。目前，由于我国高等教育的快速发展，对行政人员科学文化知识的要求也越来越高，要不断吸纳高水平、高学历的人员到学校管理岗位，以便建立起一支高素质的管理队伍，从而全面提高学校的管理水平，使管理品质更进一步提高。

第四，行政人员在工作中要齐心协力、互相配合。团队精神是大局意识、合作精神以及服务精神的集中体现，协同合作是核心，体现的是个体利益与整体利益的统一，并保证组织的高效率运转。团队精神是大学管理人员充分发挥积极作用的重要条件。这里所谓的团队精神就是要求每一位行政人员在工作中齐心协力、相互配合，共同为学校的利益着想，能够认识到大学行政人员管理工作的总目标是一致的，差异之处在于分工不同，并要以整体工作需要为重点，向着一致的目标共同努力，同时要具备高度的工作责任感，讲究工作效益。团队精神还要求行政人员之间相互尊重、相互理解，全力支持对方的工作。学校行政人员的工作是一种由多人组合的有机的整体活动，这种活动主要表现在学校教学和科研工作的结合上，也就是培养合格人才与造福社会的科研成果的结合，这需要职业院校全体管理人员的共同努力，团结一致，通过管理服务的辛勤劳动才能实现。

第五，着力提高大学行政人员的信息素质。面临信息时代信息的高速增长，对于直接或间接从事信息管理工作的职业院校行政人员而言，最重要的是树立信息观念。首先，要培养行政人员的信息管理意识，形成信息也就是资源的信息价值观，培养信息活动中的独立自主性。只有这样，才能更好地适应信息时代教育的个性化、智能化、终身化、开放化、信息化发展。唯有及时采用信息化的办公手段，才能对新事物形成敏锐的反应能力，才能处理好大量日常的相关事务性工作，同时辅助各级领导做出正确的决定；其次，要培养行政人员检索、搜集和处理信息的能力。如果不能将信息转化为知识，它就只是一堆没有任何意义的符号和数据，对人类知识的增长没有丝毫价值。学校的行政人员要学会掌握信息采集与捕捉的基本技能，了解和熟悉各种信息资源，并能够准确、及时、全面地获取所需要的信息，熟悉各种信息调查方法，如问卷法、调查法、观察法、抽样法、分析法等。面对杂乱无章的信息，行政人员要掌握专家法、综合分析法、权威法等有关鉴别信息的方法，能够了解信息的结构，分辨信息的真伪，及时对正确的信息进行反馈，并可以从中推测出信息背后的潜在信息，巧妙地加以利用。这些都是实施学校教学全面质量管理所必须具备的能力；最后，学校行政人员要注重培养信息应变能力和创新能力。信息是大量的，如果具备了信息应变能力与创新能力，就能在教育改革与发展的大潮中开拓进取、求真务实，创造性地进行教学工作，能在纷繁复杂的环境中不断地开创行政工作的新局面。

3. 创建和谐群体，积极参与管理

马斯洛需求层次理论认为，每个人都潜藏着七种不同层次的需要，这些需要在不同的时期表现出来的特征是不同的。其中，尊重需要是第四个层次。尊重的需要可分为自尊、他尊和权力欲三种，具体包括自我尊重、自我评价和尊重别人。尊重的需要通常情况下很少能够得到完全满足，但基本的满足就能够产生推动力，这种需要的满足对人类主观能动性的发挥有着重要的作用。做到以人为本，尊重人、重视人，发挥群体的作用，对学校质量管理工作至关重要。

首先，要发挥人在学校质量管理中的主观能动作用，构建质量管理工作的主动性团队。广大教师、学生以及员工都是学校质量管理的创造者、建设者和发展者。因此，学校管理层必须要尊重他们、关心和爱护他们，通过一系列的引导措施，如权威示范、领导带动、表扬先进、联谊沟通、提薪晋升、物质奖励等，充分调动他们的参与性、积极性与创造性，使学校质量管理转化为他们的自觉行动，使他们不仅能够认真执行、同进同退，而且能够主动参与、献计献策，通过集中集体的力量和智慧将学校管理工作落到实处。其次，要发挥人在学校质量管理中自我价值的实现作用，构建学校管理工作的奉献型团队。自我价值的实现在马斯洛的需求层次理论中居于最高层次，充分运用高知识、高智慧群体这方面的心理需求，能够达到事半功倍的效果。学校是聚集众多知识分子的地方，学校的教职工都属于有知识、有高境界的群体，他们不仅追求物质上的满足，也需要追求在社会中自我价值的实现，尤其希望奉献自己的聪明才智，这是他们追求的最高精神境界。因此，学校在进行质量管理工作时，要为他们营造宽松的自我价值实现以及为社会做贡献的环境。例如，充分调动物质的、货币的、精神的、荣誉的与职务相匹配的资源，为每个人搭建平台，使他们能够感受到重视和尊重，这样有助于他们在学校中发挥骨干作用、示范作用和引领作用。最后，在充分发挥群体优势的同时，积极引导非组织性群体加入学校的管理工作，增强使命感，共同为提升学校的教育质量奉献力量。明确群体的重要性之后，要采取一定的措施，让学校的教师、学生都参与到

学校的管理工作中来。综上所述，创建和谐群体，积极参与管理需要做到以下方面：

（1）为学校教师参与管理提供条件。广义的管理包括决策和狭义管理两个部分。教师参与学校工作有两种途径：参与决策和参与管理。教师参与决策是学校贯彻民主领导的一种具体管理制度及运作模式。20世纪40年代以来，教师参与决策一直是教育管理研究与学校管理实践的关注焦点。一般而言，学校鼓励、实施教师参与决策，能够集思广益，避免教育决策的局限性，这会提升领导决策的质量，减少决策失误，对完善学校管理、加强学校民主和科学管理、推动管理创新以及学校发展都具有积极的作用。这里所指的参与管理是狭义上的管理工作，也就是决策以外的常规管理工作，要求教师在做好教学工作的同时，不同程度地参加学校的各级管理工作，与学校领导平等地研究和讨论学校产生的重大问题。从需要层次理论的观点来看，教师参与学校管理不仅能使教师最高层次的需要获得满足，还能为他们实现自我价值的需要提供环境和机会，同时能够通过参与使领导和教师实现情感上的沟通，使教师觉察出自己的利益同学校的发展密切相关，自觉地将学校的事情当作自己的事来完成，最大限度地发挥自己的积极性。

此外，群体参与可以使认同感增强，同时增强工作任务和目标的明确度，使领导与群众之间能够互相理解，改善领导与群众的关系，从而形成相互关心、相互支持、融洽和谐的心理环境，形成巨大的推力，保证学校各项工作目标的实现。

（2）使学生参与学校的管理工作。要改变传统的学生观念，树立新的学校管理观。运用科学的管理理念指导学生参与学校重大问题的决策与政策的制定工作，以科学的管理理论为基础实施管理活动，这也是当代教育管理的发展趋势。

第一，以学生为本、实现管理理念和科学化。实现管理理念的科学化，就是要以学生为本，让学生主动参与学校的各项管理工作，改变学生在学校管理工作中的被动地位。学校管理者先要从观念上接受学生参与学校管理，意识到学生参与管理是必要的，肯定学生参与管理工作的积极作用。职业院校管理者也要充分意识到学生参与管理对学校发展和学生成长所具有的积极意义，改变原本在学生面前绝对权威的形象，在观念上接受并提倡、支持学生参与管理。观念的改变还包括改变学生的观念。许多学生有着依赖思想，如果这种观念和思想长期保持不变，就会对管理工作产生不利影响。

第二，建立一支高素质、稳定的学生工作队伍。任何政策、理念或者措施最终还是要由人去施行。要将学生参与学校管理真正落到实处，就必须组建一支稳定、高素质的学生工作队伍。我国学生工作队伍也必须坚持走专业化道路，增强学生管理工作的科学化意识，通过各种途径提高学生工作人员的知识及学历层次。职业院校管理层要注重对学生进行培训，提高其参与管理的综合素质。

第三，建立规范的制度给予支持。为了确保信息渠道的畅通，学生参与管理工作需要健全的制度保障以及机构的支持。如今的学生参与管理还没能完全得到制度上的保障，因此建立规范的制度保障学生的参与管理成了必需。如果具备一定的条件，可以用法制化的形式加以保障。校学生联合会与系学生会是以学生为代表的组织机构，要使学生参与管理得以在学校中实施，就必须对学生会组织进行完善和巩固。学校应有意识地扩大其职能并授予他们参与管理的权力。对学生会组织，不仅要给予必要的帮助和指导，还要在财力上给予一定的资助。此外，还可以设置学生权益维护中心以及学生事务仲裁委员会等机构，广泛听取学生的意见，受理学生的投诉，举行听证会。综上所述从我国学校学生参与管理的发展历程看，规范、有序与制度化是未来发展的必然趋势。

当前，很多学校都非常重视学生参与学校管理。例如，实行学生管理员制度、学生事务听证制度、学生助理制度等，各类学生组织正在逐步健全并趋于完善，能够起到组织和管理学生的作用。在严格制定学校各项管理制度的同时，也要明确学校、职能部门、辅导员、学生相互之间的责、权、利。实际上，学生参与学校管理工作是学校内部管理的客观要求，不仅要实现大学生参与学校管理组织的体系化，还要建立健全各种制度规范，保证学生参与管理在培养、激励等方面的制度化。在学校职能工作的管理上，要保证信息输送渠道畅通，从宏观整体和微观局部对学生参与管理进行统筹安排，统一指挥及协调。不仅要保证体制上的顺畅，还要在各项具体活动中明确职责、权限，强化各部门的职能。

4. 突显重要内容，把握本质特征

学校质量管理有无特色，反映了这所学校是否真正重视质量管理工作。学校只有形成自身的特色，才能充分发挥其应有的作用。到目前为止，我国企业界、教育界在质量管理工作中普遍存在的问题是缺乏个性，许多企业和学校对质量精神的理解仅仅停留在表面，如团结、求实、进取、开拓、创新、勤奋、严谨等标语口号的提出，并没有从更深层次和全局的角度出台相应的措施，发展和创造质量管理的精神，发挥它本应该具有的推动力。这种不具备自身特色的质量管理文化，不能带给员工认同感和亲切感，而且不具备凝聚力和吸引力。反之，具有特色的质量管理文化就能给人以亲切感和震撼力，突出重点，"以点带面"，以局部带动全局，激励和鼓舞全体员工。

（1）营造独具特色的质量管理文化氛围。学校要建立独具特色的质量管理文化，首先要结合本校的实际情况，如校园的发展史、发展战略、发展目标、员工素质、工作要求、优势、劣势等。其次要突出重点。学校质量管理文化的建设要根据不同时期的工作重点、工作任务以及形势要求，突出不同阶段的重点。为了促使全面质量管理策略的顺利实施，学校质量管理文化建设准备时期的重点应包括全员动员、全员培训、制订计划、建设质量文化等。实施期的重点应包括以质量为主、全员参与、过程控制、以预防为主以及不断改进等，进而建设独具特色、卓有成效的质量管理体系。

（2）把握高等教育质量的本质。学校教育质量的本质如何，不仅涉及培养方向的问题，还涉及教育质量的衡量问题。质量的定义为反映实体满足明确或隐含需要的能力的特性总和。在这里，需要会随时间而变化，需要通常具有规定准则的特征和特性,包括安全性、合用性、可靠性、维修性、经济性以及环境等方面;实体质量受到相互作用的活动而构成的许多阶段的影响,如设计、生产或服务作用和维修;经济地取得满意的质量与整个质量环的所有阶段都有关联;"适合目的""适用性""顾客满意"或"符合要求"仅仅表示了质量的某些方面。因此,"质量"的定义为:产品、体系或过程的一组固有特性满足顾客和其他相关方要求的程度。

关于教育质量,瑞典学者胡森在《论教育质量》中提出:"如果我们把学生成绩(不管是怎样测量的)作为学校教育质量的唯一指标的话,那我们就过于简单了……人们期望学校给学生带来的变化,不仅仅局限在认知领域。人们期望学校有助于学生形成某些行为和态度,使学生能恰当地欣赏民族文化,行为受道德的和审美的价值观指导,从而成为负责的、合作的、参与的和独立的公民。"

5. 拓宽沟通渠道,控制教学过程

举办各种活动对于学校质量管理体系的建设极为有效。学校质量管理应该积极借鉴企业建设文化质量的成功经验,围绕着学校有目的、有计划地开展一系列的活动,如体育活动、文娱活动、野营活动、读书竞赛、颁奖活动、讲演先进事迹、总结表彰活动等,以此培养学校的质量价值、文化观与团队精神,增强文化的执行力,为学校质量管理工作创造条件。

学校在实施全面质量管理的过程中,各项活动与结果难免会偏离标准,因此有必要进行质量控制。要将各环节质量标准转化为实际行动,关键就在于把握好紧要环节。;进行有效控制、质量控制的关键过程具体包括以下两个方面:

(1)教学管理安排。教学管理安排是一项周密且严谨的智能化逻辑处理过程,这一过程的实现需要教师、设备、时间、师资等合理配合。每门课程的性质不同,难易程度也不同。教授同一门课程的教师在水平和风格上也存在着差异,学生在时间上的集中程度也有不同,不同的时间的精力集中度不同。在课程的设置上,应该充分考虑所有因素,对烦琐、复杂的数据和信息进行协调和处理,为教师和学生提供最佳的教学条件和环境。

管理要遵循合理安排、科学设计的原则。因此，教学安排的目标应为：合理安排教师承担教学尤其是基础课程教学的人数与比例、同一门课程之间相邻的时间间隔、上下午时间的利用率等。

如今，许多学校都设有选修课。选修课程具有三个不确定性，包括课程设置的不确定性、上课内容和容量的不确定性、教师的不确定性，这些都给课程的安排提出了新的要求。学生具有勤奋学习的热情和兴趣，有完善自身知识结构的美好愿望，但他们的身份是学生，无论是对学科的整体知识布局与发展过程，还是课程间的互补作用都不够了解，导致选课的功利性和盲目性。这就要求学校做好宣传工作，让学生充分了解每门课程的具体内容、基本要求和作用，以便学生能够正确选择课程。

（2）教学的质量控制。课堂授课是课堂教学的基本组织形式，也是理论教学的关键环节。教学的其他形式作为课堂教学的补充、继续和深化，包括课堂讨论、练习课、自学指导和辅导等，都要以教学为中心。为此，要提高课堂教学的质量，必须抓好课堂授课的质量，注重控制备课和讲课两个环节的质量。

第一，依据备课规范，做好备课过程的质量控制。备课的过程也是教师熟悉教材、钻研教材、使用教材、了解学生的过程，它直接影响着教学效果的提高。要想提高教学效果的质量，必须重视备课的质量。同时，教师要注意参照相应的备课规范准备好每一节课。规范中不仅明确了教师备课时应注意的问题，也规定了一篇完整的教案应包含的要素，例如，一节课的授课时间，教学目标和要求，授课的内容提要，课程的顺序、重点和难点，教学程序，教学方法和教学手段，板书布局，练习题及答案等。各个教研室以及学校组织在组织和检查教师备课时，为了实现规范指导教师备课的目标，需要按照备课规范，检查备课的数量及质量，并分出相应的等级。

第二，授课过程的质量控制。

其一，就教师方面而言，需要做到三个方面，见表5-1。

表 5-1　教师方面的质量控制

主要方面	具体内容
教学内容方面	坚持科学性、前沿性及综合性。学校教师应尽可能地积累专业基础知识可能涉及的其他方面的知识内容，分析学生现有的知识水平和结构，并关注其新的发展，进行评估取舍，摒弃陈旧的知识，适当添加前沿以及现代科学技术知识，降低记忆性知识的比重，增添有助于培养分析能力和创新能力的内容。与此同时，教学内容要难易适中，不断深化
教学方法方面	教师要进行启发式教学，加强推理、归纳、演讲、分析、综合、渗透等思维方式的训练，运用问题法、自学法、学生上课法等方式。教师在教学过程中还要注重调动学生学习的积极性和主动性，通过引导来推动学生的学习活动，进一步促进学生掌握学习、做事的能力
教学语言方面	语言要简单精练、准确流畅，板书整洁规范，教态从容自若，并富有极强的感染力与吸引力，课堂时间分配合理。此外，教师还要学会利用现代化教学手段，适当运用幻灯片、投影仪、计算机等技术，增加课堂教学的信息量，提高学生学习的效率

其二，对教学管理者而言，要注重对讲课环节的质量控制，通过现场监控，进行实时监督和协调。较为理想的领导形式应是主管教学的领导进行逐级分层，教学监督、专家评教和学生评教等相互协调。教学督导的作用在于通过教学监督员的管理工作，逐步加强对教学质量和教学保障系统的监督与管理，维护正常的教学秩序。因此，学校教务处应该成立教学督导室，聘请综合素质较高、拥有丰富教学及教学管理经验的教师担任教学督导员的职务，并不定期地对课堂教学与其他教学环节进行检查。对教学管理者而言，授课过程的质量控制见表 5-2。

表 5-2　教学管理者层面的质量控制

控制内容	具体分析
严于监督、善于引导，将监督和引导有机地结合起来	要及时提出发现的问题，并与教师一起分析、共同探讨，同时提出解决问题的方案，与教师和学生进行平等交流，做教师与学生的朋友
将督导和教学研究结合起来	监督员通过听课能够发现许多问题，他们把在督导中发现的问题作为研究课题，进行各个类型的专题研究，并跟踪调查研究结果，从教学问题中找出问题的根源所在，总结出若干规律，提供给各级教学管理部门参考

续表

控制内容	具体分析
督导可以使用专长与特长、个人与集体结合的方式	学校的督导员采取随机听课的方式，对课堂教学的状况进行随机调查。此外，还可以组织督导员集体听课，在听课的基础上，对存在问题或者具备特色的教学进行集体评估，避免产生主观性或者片面性的想法。督导员按照专业分组，课堂按照学科划片，这就能够保证所听的课和自己的专业相近或相似，确保教学督导工作的科学性以及督导员意见的权威性
为了更好地适应现代教学督导工作的需求，要注重提高督导员的素质，定期组织督导员交流听课体会，并进行计算机培训等	各个院系、各个专业要直接面对每一节课、每一位教师，在教学质量控制的过程中不能忽视这一因素。可以通过院系领导、各位教师随堂听课或者召开教师、学生研讨会的方式，全面了解教学或者管理环节的优缺点，尤其是存在的问题

综上所述，在具体的实施过程中，同行之间进行评教通常会出现一些问题，主要包括：同行之间评教一般以抽查的方式开展，不能对教学的全过程进行跟踪，导致对整个教学过程的情况不能够全面了解；同行之间评教的结果可信度较低，不能够如实填写评价问卷；学校教师除了讲课之外，不需要坐班，参与的社会活动较多，不能切实保证在安排的时间内到课堂中听课，同行之间的评价工作往往不能够得到落实，因而会影响到整个评估工作的进行以及课堂教学质量信息反馈的准确性。由此可见，课堂授课的教学质量控制应涉及每一个班级和学生。学生自始至终都要参与教学活动，他们对教师的教学情况十分了解，如教学方式和内容的科学性、教学方法和教学手段的应用。学生一般能够根据自身以及学生的经验做出准确地判断，因此，学生评教更为方便、可靠。

其三，学生层面的评教。学生评教的具体步骤为：①各院系根据学校的整体评估计划，将参评课堂的情况上报到教务处；②通过教务处录入计算机的统一编码，返回各系；③在评教期间，学生评估委员会举行会议，布置教学评估工作；④由学生领取参评教师的信息表和教师课堂教学质量评估卡，根据安排发放到课堂并回收；⑤由教务处通过计算机统一处理。

在学生评教之前，应动员和指导参与评教的学生，以保证评估工作顺利进行。

在进行质量控制的具体过程中，学校教务处担负着重要的调控职责，即协助校长进行管理工作，调整并搜索质量控制的各方面信息，协调各院系以及每一位任课教师及时改进课堂教学的质量，这种作用会延伸到其他教学环节。

第三，实践过程的质量控制。学生在校期间的实践教学环节主要有专业实习、基础实习、毕业实习、毕业论文设计等内容。在实习的组织控制中，要确定实习大纲计划以及实习指导用书，确保固定的时间以及实施方案，确立相对稳定的指导教师团队和基地，确定一定的考核标准和制度及实习方面的规定、细则和条例。实践过程的质量控需要注意以下方面：

其一，实习前准备工作的质量控制：①选择好实习地点，构建实习基地。实习点的选择要坚持基本满足教学要求以及就地就近的原则，优先选择安排在任务较为饱满、生产水平较高、技术力量较为雄厚、交通便利、愿意接受实习生的单位，教学实习活动最好在校内进行。与此同时，要依据专业需要投资建立一些相对来说较为稳定的实习基地。②根据学校教学计划、教学大纲制订实习计划、实习目标、实习大纲、实习指导用书或者实施方案。实习大纲或者实习指导用书的内容主要有：实习的目的及要求、实习的主要内容和方法、实习的程序和时间安排、实习地点、组织领导、实习成绩考核等方面。实习的具体实施方案由指导教师依据实习大纲的要求与实习地点的具体情况确定。③协调好领导力量。各院系或者专业设置要建立实习指导小组和领导小组，选择有经验的教师担任指导教师，并且聘用实习点内具有丰富工作经验的骨干教师担任兼职实习辅导教师，共同指导学生。

其二，实习过程中的指导和检查工作的质量控制。实习指导员和实习点的实习辅导教师一起承担实习指导工作，不仅包括为学生提供业务指导、生活指导以及思想教育，还包括指导学生写好实习日志与实习报告，并经常与单位沟通情况。学校和院系的监督队伍还要深入各个实施地点，现场监督实习情况，以便及时发现问题并帮助其解决问题。

其三，实习结束时的总结与考核。实习活动结束后的总结主要有教师实习指导工作总结、学生的个人总结、实习工作小组的总结、院系或专业的实习工作总结。对学生实习的考核要由实习点的实习辅导员来完成，按照实习大纲的要求对学生的实习态度、实习日志、考核成绩进行综合评价，对于成绩不合格者，要依据相关的规定进行处理。毕业论文设计是实践性教学环节的关键部分，作为学习、实践、探索、创新的综合体，在学校教学过程中占据着十分重要的地位。同时，它也是一个综合性教学环节，在综合性、探索性、实践性等方面具有独特的作用，这是其他任何教学环节都不能代替的。

毕业论文设计的教学质量直接影响着教学的质量甚至整个学校的教学水平。因此，对毕业论文设计进行质量控制是极其必要的。进行毕业论文设计的质量控制工作，可以从三个方面着手，见表5-3。

表5-3 毕业论文设计的质量控制工作

主要内容	具体分析
校领导亲自参加	首先，校领导要注重毕业论文设计的质量。校领导应该积极参加与毕业论文设计相关的报告会、答辩会等，与教师和教学管理各部门一起研究毕业论文中重难点以及提高毕业论文设计教学质量的改进措施。校领导要经常检查毕业论文设计的学习工作进度，指导工作、学习情况，并亲自主持校级答辩会。其次，学校应该对教研室、各院系、教务处、指导教师进行明确分工，推动层层负责，各教研室统筹安排，选择具有丰富教学与科研经验的教师担任指导教师，对毕业论文设计的质量进行专题研究，认真做好毕业论文设计的准备工作，创造基本条件
毕业论文设计的文件建设	毕业论文的文件建设由管理文件与教学规范两部分构成。首先，根据教学大纲与教学计划制定毕业设计的大纲，对毕业设计的选题要求、评分标准和要求、对学生的要求做出具体规定，并在实践的基础上进行全面修订。各院系在学校总文件的基础上，制定各类毕业设计的相关要求和答辩评分的标准。各专业要配合院系分别编制毕业设计的指导书等教学基本文件，形成完整的教学规范与管理规范
抓住关键环节	在进行毕业设计前，各个院系需要进行毕业论文设计的动员工作，邀请专家或者本校教师举办论文设计方法的讲座，使学生掌握基本原理。为了达到综合训练的效果，需要对学生进行初步设计以及科研训练，使每个学生都能在教师的指导下制订出工作计划并能够撰写出中英文摘要和文献综述。校、院要不断对教师的指导情况进行随机抽查，教研室要定期召开有关毕业设计的进度研讨会，掌握工作动态，及时发现并解决设计中产生的问题

提升毕业设计或者论文的质量,不仅要加强全程管理,还要抓好重点环节,进行环节控制。毕业设计的选题、中期检查与答辩评分是毕业论文设计中的三个关键环节(表5-4)。

表5-4 提升毕业设计/论文质量的环节

主要环节	具体内容
毕业设计的选题环节	毕业设计的选题直接决定着毕业设计的全局,要明确其基本教学要求。首先,要规范毕业设计选题的标准,各院系依据学校制定的选题原则、选题要求以及本专业的具体情况,使选题标准细致化、量化,为选题环节提供依据;其次,依据选题的基本要求,使选题程序规范化,加强对毕业设计选题的审查;最后要努力创造条件,在实践中锻炼自己
中期检查工作环节	中期检查工作通常与期中教学检查同步进行,其内容有:指导教师与学生向各个教研室及时汇报毕业设计的实际进展情况与学习中存在的问题;学校、院系随机抽查毕业设计的进度、教师指导情况、学生出勤等有关情况;院系、教研室分别向上级以书面形式报告前期的工作情况。各院系以及教研室可以根据中期检查的结果,及时解决前期中出现的问题,督促和保证学生按时完成毕业设计的任务
答辩评分环节	在毕业设计的最后环节,最重要的是要进行全校性公开答辩,具体方法是:教务处根据学号在各个专业中随机抽取若干名学生,让他们参加学校的公开答辩,在答辩的前几天公开答辩学生名单,由学校的答辩委员会在参考指导教师和评阅教师意见的基础上公开答辩学生的成绩。同时,还要做好答辩与成绩的评定工作。院系答辩委员会和各专业委员会由各院系选择具有丰富经验的教师组成。以学校制定的评分标准为基础,制定评分的相关细则,严格规定评分的要求并严格控制毕业设计的分数,加强学风的建设工作

其四,进行考试管理,严格控制考试质量。考试是指通过书面、口头提问或者实际操作等方式,考查学生所掌握的知识和技能的活动。考试是用来检查教与学两方面过程的重要方式,是反馈教学质量与教学效果的重要手段,借助考试能够对学生掌握知识的程度进行检测,也可以对教师的教学效果进行检测。

加强考试管理,严格控制考试质量要从两方面进行:①使全体成员正确认识考试工作。只有先解决好认知问题,才能正确确立全体员工对考试的工作认识,以便认真对待考试工作,考试的目标才能达到。例如,学校可以成立考试委员会,主要由学校主管领导与各院系的主管领导组成,到考试之前，在全校范围内举行关于考试的专题会议，明确成员的职责，并在全校师生中传达，以便引起全体教师与学生的关注。还可以在考试之前加大宣传力度，营造良好的考试氛围。②规范各种规章制度，推动考试的顺利进行。对考试过程进行的管理，包括命题、印刷、监考、评分、考试的实施等过程，这其中的每一环节都十分重要，都不能忽视，都需要有相应的规章制度予以保障。对于命题，学校要尽量做到教学与考试分离，也就是指任课教师不参与所教班级的命题工作，实施同一课程由不同任课教师交叉命题的原则，或者进行统一考试、统一命题。针对那些无法实行教考分离的课程，可以建立题库，在题库中随机抽取试题。如果不能建立题库，针对无法实行教考分离的课程，授课老师可以提前出试卷，完成后交给教研室审核试卷的质量。由专人负责试卷的印刷和装订工作，完成工作后立刻将模板与多余试卷销毁，并将试卷封存起来，派专人看管，并在试卷的移交过程中做好记录。

对于监考而言，监考教师的选拔尤为重要。可以选取经验丰富、责任心强、勇于同不良现象做斗争的教师担任监考教师的角色，也可以在学院教师间实行交叉监考，在考前对每一位监考老师进行培训。对于那些在监考过程中擅离职守的监考教师，要取消其监考的资格。学校可以实施一些政策鼓励教师监考，形成教师监考的优良机制。

在考场的布置上，学校应选择课桌质量好、采光效果好、卫生环境好、间距大、严密的教室作为考场，不给学生提供抄袭的便利条件。依照考生数量分派监考教师，保障监考人员充足，考试结束后及时填写考试记录。学校在考试过程中应抽取一定的人员组织巡考。在评卷环节，最好采用流水作业的形式进行阅卷。不能采取流水作业的院系应由领导小组成员以及教研室主任对试卷进行适当地抽检。成绩统计完毕，若出现统计错误，由统计人员更改并签名。在考试期间，要做好宣传工作。考试结束后，教务处制出考试简报，及时将考试情况反映给全校。可以使用校园广播开设考试方面的专栏，比如考试巡礼、考试快报等，让全体师生能够准确了解考试的情况。对于在考试中违反纪律的学生，要施以严厉的处罚措施，以起到警示作用。对于考风优良的班级和个人给予相应的表彰和表扬。对于受到表彰的教师可以给予一定的奖励。针对提前考试以及补考的情况，应该严格遵照正常的考试要求和程序进行，不能因为提前或者延迟考试就放松防备。

其五，做好学籍管理工作。学籍管理工作包含考试管理，但两者又有着许多不同之处。考试管理对考试的各个过程都进行了相关规定，而学籍管理不仅要对考试管理进行宏观规定，还要对学籍处理、考试资格、毕业资格等进行规定：①严肃对待考场中的违纪行为。对于考试违纪现象，应针对具体的情节给予相应的处分。对于情节较为严重的违纪行为，处罚不宜过轻，不然起不到任何警戒作用。②对毕业的条件进行限定。在规定取得毕业证书以及学位证书的各种条件时，要从学校的实际情况出发制定相应的准则，不宜太过放松，否则不利于学生认真学习，但也不宜太过严格，否则会影响学习效果。

其六，档案管理。学校档案包括各类教学文件、教学档案、教师档案、学生档案，它是学校以及院系最为关键的信息资源。教学资料的积累与保存是教学工作不断提升的重要环节。学校要对每种档案类型进行分类归档，各个教学部门要分配明确人员进行本部门的档案管理。明确各类人员的职责以及档案的分类内容、保存范围与期限。

档案管理要力争做到：①在需要时能得到有关文件的版本；②对失效或者作废的文件要从已发放或者使用的场所及时清除，或通过其他途径保证防止误用；③为失效或作废的文件做出适当的标识，如盖上"作废"的印章。

针对文件或资料的更改也要做出相应的规定。此外，还要对外来文件的控制与电子数据的备份实施控制措施。为了维持教学质量的持续性和有效性，应及时对各个环节的质量信息进行反馈和汇总，在这个过程中，学校教务处起着协调作用：协助主管或者校长进行指挥，调整并负责监控中的信息搜索、信息处理和信息反馈。只有保证各个方面的积极性和主动性，整个监控体系才能够完整，运转也才会顺利。

教学活动中的每个环节都是独立的，同时也是密切联系的。对各个环节实行目标管理和有效控制，都是为了实现学校的教学质量总目标，也就是培养出众多具有创新精神与实践能力的高素质、综合型人才。

6. 逐步提升信心，进行持续改进

学校实施全面质量管理是一个长期而渐进的过程。在这一过程中，学校管理者的言行举止不仅具有引导性和示范性，还能够体现学校对待质量管理的态度和决心，进而影响到全体师生员工对待教育工作的态度和信心。

学校领导参与全面质量管理工作的过程中，首先，要从思想上引起重视，主要领导者引导和带领广大师生员工树立信心、统一认识，亲自参与或组织对全体成员的动员、宣传工作，亲自做报告、听报告，积极参与座谈和思想交流活动。其次，要从组织上参与工作，主要领导者应亲自担任学校质量管理体系的负责人，院系主要领导人分别担任院系全面质量管理工作的负责人，做到层层有主要领导参与，层层有领导示范和带动。最后，要从实践中落实。学校和院系主要领导者要将全面质量管理纳入自己的工作议程，并将其作为提高学校教育质量的主线。学校各级领导者不仅要以身作则，主动参与各类质量管理的活动，还要尊重和信任全体师生员工，为他们建设良好的质量文化服务，提供融洽、宽容的工作环境。

学校工作的核心环节就是教学，教学过程的质量好坏直接影响着学校的教育质量。因此，在全体员工树立信心的基础上，还要对教学工作进行持续改进，从而保证教学质量的稳固提升。

（1）持续改进是学校开展全面质量管理的精髓。传统的质量管理注重预先设定目标和标准的达成，然而这类质量是有限的。学校实施的全面质量管理是永无止境的过程。只有坚持持续改进，学校的全面质量管理才能得到不断进步。

第一，学校要坚持持续改进的质量发展观，将提高教育质量视为质量管理的永恒主题。提升教育质量只有起点，没有终点，我们要将提升质量作为学校质量管理永远追求的目标。

第二，学校要提升对全面质量管理的重视程度。实施学校全面质量管理的各个环节和各个阶段之间是紧密联系的有机整体，在空间和时间的布局上要做到环环相扣。

第三，要想提高高等教育的质量，必须将学科建设、教学环境建设、教职工队伍建设等纳入质量保障的体系中，促使学校教育质量管理实现良性循环。

唯有通过有计划、有目的的持续改进，才可能提高学校的竞争力以及满足各方面需求的能力。此外，改进后的质量标准要具有具体、明确、可操作和易考核的特点。因为质量标准体系毕竟源于工业企业生产，经历过数次的修改和完善，新版的质量标准体系已经具有普遍的适用性，适用于多个行业，包括教育领域。全面质量管理的原则更是突破了工业企业的范畴，对学校的教育具有关键作用。然而，学校在建立自身的质量管理体系后，经过一段时期的循环改进，也要注重结合学校自身的特殊性，根据实施过程中出现的具体问题与偏差及时进行修改。改进后的质量标准要适应学校内、外部的要求，并且能随着环境的变化而变化。许多学校为了通过认证，将全面质量管理交给聘请的校外专家，而学校内部人员对质量管理情况不闻不问。事实上，这样的做法不利于质量标准的确立。因此，唯有改进后的质量标准达到明确、具体、可操作和易考核，质量管理的方法与技术才会易于掌握，全面质量管理在学校的具体实施才更具实践性。

（2）对毕业生进行质量跟踪的调查工作。为了推动学校教学质量的持续提升和改进，必须结合实际，进行深入研究，搜集教学质量形成过程中的各个影响因素或者环节的资料，这就要求要做好与教学质量相关的情报信息工作。学校教学质量信息反映了学校从招生开始到教学过程的每一环节的质量状况以及学生毕业后工作情况的评价资料，它能够及时地反映制约教学质量的所有因素变化和教学活动与各种管理活动的初始状态、毕业生的就业情况、国内外教学工作、学生质量的发展情况，从而为提升学校教学质量提供了依据，可以将它视为教学质量控制的关键因素，任何一个环节的信息不流畅，都将会影响整个质量控制工作。由此可见，学校在做好教学质量信息采集工作的同时，还必须及时了解毕业生的主要就业情况，以保证教学质量控制的实现。

　　学校对毕业生进行跟踪调查和分析，可以从两方面进行：①向有关用人单位了解毕业生的工作情况以及对人才培养质量的要求，从而找出本校教育发展目标与教学计划规定的培养目标、质量规格与实际需要之间存在的差距，不断调整总体教学规划，避免教学和社会需要相脱节的现象出现；②定期邀请往届优秀毕业生回校，全面了解他们对学校的课程安排、专业设置、教学内容与教学方法的看法、意见以及建议。由于他们参加了工作实践，有了充足的经验和体会，了解和学习他们的经验与方法，对改进学校教学工作起着关键作用。同学校主要教学状态信息相似，学校毕业生质量的调查结果和情况也要建立基本的信息库，对收集到的数据和信息要按照学年进行归档，便于日后参考和使用。

　　（3）对学校教学质量改进工作进行有效管理。学校教学质量改进的管理包括学校教学质量改进工作的组织、策划、测量和评审等活动。对于教学质量的管理应关注学校教学质量改进的组织：①建立学校教学质量改进的综合管理部门，专门负责对学校教学质量改进工作的整体指导和综合管理；②成立部门改进组织与跨部门的横向管理组织、纵向管理组织、过程改进组织，对部门间与部门内的质量改进负责；③成立多种形式的教学质量改进小组，确定需要改进的问题，制定相应的改进方案，实施改进措施。在组织小组活动时要注意：制订相关的活动计划，严格遵照计划组织实施活动，并在具体的实施过程中按照实际情况进行修改与完善；准确地选择研究课题，以学校教学质量方针和目标为基础，结合消费者的需求进行选题，并严格遵照先简后繁、先易后难、先小后大的原则；活动的形式要具有吸引力，生动活泼，活动的时间最好不要过长；充分调动每个成员的主动性和积极性，分工合作；活动过程要注重实效，灵活、创新，符合实际；依靠集体的智慧对现状和存在的问题进行准确分析，便于采取措施和对策；选择合适的方法；对活动的具体过程和结果要做好相应的记录，便于日后的使用。

　　以人为本是和谐社会的核心内容，它能够促进多方面的协调发展，包括政治、经济、文化等，它体现了有关社会构想的价值取向。其中，人与自然的关系最基础的，也是人类生存和发展所必需。人只有在根本上与自然界真正融为一体，才能保证在日常的实践活动中构造出一个与自然和谐的世界，才能实现真正的社会和谐。基于这样的理念，教育是一切有目的的影响人的身心发展的社会实践活动，对创建和谐社会起着重要的作用。包括职业院校在内的各个学校肩负着人才培养、科学研究、社会服务、文化传承与创新的重要使命，这样的使命在一定程度上更好地促进了和谐社会的建设，并对学校的质量管理与人才培养提出了具体的要求，以培养对社会做出贡献的各式人才。

二、人才培养全面质量管理的方法

（一）与全球化人才培养相衔接

所谓国际化人才是指具有国际化意识和胸怀以及国际一流的知识结构，视野和能力达到国际化水准，在全球化竞争中善于把握机遇和争取主动的高层次人才。

1.国际化人才的主要特征

国际化人才应具备七种特征：①宽广的国际化视野和强烈的创新意识；②熟悉掌握本专业的国际化知识；③熟悉掌握国际惯例；④较强的跨文化沟通能力；⑤独立的国际活动能力；⑥较强的运用和处理信息的能力；⑦必须具备较高的政治思想素质和健康的心理素质，能经受多元文化的冲击，在做国际人的同时不至于丧失中华民族的人格和国格。

当前，我国人才资源结构布局有待优化，如缺乏综合型人才，而专门型人才过多；新兴技术产业人才较少，而传统领域人才较多；创新型人才较少，而继承型人才较多；技术型人才和专业人才较少，而研究型人才较多。这些人才结构上的不足在很大程度上影响着我国经济和社会的有序发展。因此，我国亟须创新型人才，创新型人才模式的改革也是大势所趋。

2.培育综合型人才的路径

培育全新的综合型人才，学校要从以下方面进行：

（1）推进教育体制的改革。教育是关系到一个国家、一个民族长远发展的根本问题，体制则是决定教育发展的关键。要缩小职业学校校内学科间的差距，促使学校内部的对外开放，加强教师间的沟通与合作，争取早日实现资源的共享。结合市场的需求设置专业，合理安排必修课程。同时，教育不仅要面向社会，更要面向国际，增强和社会的交流，进一步向国际开放。不断更新和充实课程内容，以满足当前教育的需求。可以通过多种途径加强国际间的交流与合作，比较常见的有：引进国外先进的教学理念和教学模式，购买和使用国外较为先进的教学器械，加强与国外学校间的学术访问与交流，引进优秀的国际化教师等。

（2）注重国际化教师队伍的建设。教师是学校发展的主导力量，学校要发展，教师是关键。教师队伍的国际化对于教育国际化的实现有着重要的影响。国际教师的交流是高等教育国际化得以实现的主要手段，也是职业院校国际化的主要目标与实践形式。建立国际教师交流制度，将是重视教师专业发展，培养教师国际视野，使教学、研究与国际接轨的主要措施。本国教师走出去，不但可以使专业研究直接与国际接轨，开拓研究视野，而且能在短时间内强制性地提高其英语水平，充分进行中西文化的交流，带回国际上先进的教学模式和教育理念；从其他国家引进教师，不但可以了解国际上先进的教学模式和教育理念，而且其纯正的英语教学能使学生的专业英语水平迅速提高，也能使学生了解国际研究动态。因此，学校应在国际交流与合作中抓住机遇，与世界大学建立友好往来，互派教师进行访问和学术交流，不断为各自的师资队伍输入新鲜血液。

具有不同文化背景的教师聚集在一起进行交流，形成不同程度的文化冲击，有助于知识的更新。各学校还可以通过多种渠道为教师提升自己创造机会，外派教师留学，进行学术间的交流，交换意见，从而促进自身的成长。经济全球化的到来促使各类人才的跨国际流动，一支高素质教师队伍的创建正符合历史发展的潮流。学校在制定人才发展战略的同时，也要密切关注教师的心理发展历程。不仅要使用本土人才，也要放长目标，从国际市场中发现人才，打造一支高素质的创新型教师队伍。

（3）优化课程设置：①促进课程的综合化建设。学校应重新调整课程设置，结合现实需要，较多地设置综合性课程。不仅要有文学艺术、外国文化、历史等课程，也要有自然科学、道德伦理等课程。学生在学习理论知识的同时，也能知道如何运用所学知识。例如，可以将传统的社会科学、人文科学、自然科学、外国语、体育等课程缩减为主题课程、基础课程和综合课程三类。主题课程指的是设定一个主题，使学生或教师围绕一个主题开展系列讲座，从而获得知识的一种课程。基础课程是指为学生继续学习提供基础知识与基本理论，培养学生基本能力与基本素质而设计安排的一组系列课程或一个课程群，它包含基础知识、方法与技巧、技能。综合课程是指打破传统分科课程的知识领域，组合两个或两个以上的学科领域构成的课程。与此同时优化课程设计还要促进课程的国际化。

一般学校通常会设置多门国际性的课程，介绍有关地理、历史和习俗等，学生因此可以涉猎国际社会的经济、文化等方面的知识。在传统课程中也可以适当加入国际的相关知识和观念，将国际上最新的理论和文化成果融入到课程内容中。职业院校也要秉承这种理念，按文理结合的脉络，经常开展跨国际、院系间的交流合作，对各门课程进行整体优化。

（4）要使国际化人才的培养形式呈现出多样性。跨国教育是指国际教育领域中的各种教育资源在各国间的流动。它是当今教育国际化潮流的一个有机组成部分，内涵丰富，也是国际化教育交流和合作的主要内容。目前，跨国教育已经演化为备受国际关注的世界性话题，它是在全球化大背景下出现的一个必然结果。对我国而言，建设创新型国家是进行现代化建设的重大使命，迫切需要构筑一个更为健全的高等教育系统，以此来提高我国教育的水准。因此，发展国际化高等教育已成为我国现代经济发展的时代诉求。深入研究国际化教育，对加深跨国高等教育发展规律的认识，进行跨国高等教育理论及实践研究，构建国际化教育理论体系，都具有重大意义。

跨国教育的重要渠道和形式就是开展校企合作。学校会把学生送到相应的企业里面，让他们进行学习和培训。通过实践，学生根据研究的问题和实际情况开展研究工作，这种实践不仅增加了学生学习的机会，使他们能够直接了解当地的风土人情和文化，还可以培养他们解决问题的能力。跨国教育的另一种常见形式是连锁式。

当前，由于世界市场的不断扩大以及新兴科技的不断涌现，经济全球化的生命力越来越旺盛。在这样的大背景下，国际化人才培养的实质其实就是指各个国家充分利用市场上的资源，优化本土的教育资源，从而培育出优质人才。随着经济全球化的迅猛发展，逐步加剧了全球化的教育竞争和人才竞争，这对中国职业院校的人才培养也是一次严峻地挑战。我国的职业教育要想取得发展，就需要打开国门走出去，向国外先进的教育不断学习，借鉴国际上前沿的教育理念，吸收各国优秀的文明成果及教育经验。另外，我国要立足现在的国情，从实际出发，确定自己的方向，认清教育发展的目标和方向，不断向前发展。在这样的努力下，我们才能不断创新，逐步培养出国际化的高素质人才，尽快推动我国的教育事业走向新的阶段。

（二）人文教育与科学教育并重

1.注重人文关怀

在思想政治工作的视野中，人文关怀指的是尊重人的主体地位和个性差异，关心丰富多样的个体需求，激发人的主动性、积极性、创造性，促进人的自由全面发展。具体而言，人文关怀包括层层递进的含义，具体如下：

（1）承认人不仅是一种物质生命的存在，更是一种精神、文化的存在。

（2）承认人无论是在推动社会发展还是实现自身发展方面都居于核心地位或支配地位。

（3）承认人的价值，追求人的社会价值和个体价值的统一、手段和目的的统一。

（4）尊重人的主体性。人不仅是物质生活的主体，也是政治生活、精神生活乃至整个社会生活的主体，因而也是改善人的生活、提高人的生活品质的主体。

（5）关心人的多方面、多层次的需要。不仅要关心物质层面的需要，更要关心人精神文化层面的需要；不仅要创造条件满足人的生存需要、享受需要，更要着力于满足人的自我发展、自我完善需要。

（6）促进人的自由全面发展。人的全面发展应当是自由、积极、主动的发展，而不是由外力强制的发展；是各方面素质都得到较好的发展或达到一定水平的发展；是在承认人的差异性、特殊性基础上的全面发展；是与个性发展相辅相成的全面发展。

人文关怀将人的发展作为社会发展的终极目标，关注、肯定人自身的价值，突出人对自身的精神关怀，强调对人类文明及社会发展的贡献。

2. 注重人文精神

在职业教育中要注重人文关怀，关注每一位学生的情况，挖掘适合每一个学生的教育方式，关注每一位学生的生活质量，重点培养学生的人文精神，启发学生用积极进取的精神吸取人类文明的精华。在这样的条件下，学生能更好地体会到人类生活的美好，能对人类的生活有着客观的评价，能自觉对人类命运进行思考。职业教育注重人文关怀，不仅关注每一位学生，也关注学生与周围人的关系。职业教育注重人文关怀的本质是关注人，这是学校教育工作所追求的最高境界。

值得注意的是，科学技术的发展确实使物质生产快速增长，使人们的生活方式发生了根本性的变化。但经济发展水平的快速提高也带来了弊端，给人们的价值观念、思想意识以及人文精神带来了一定的影响。现如今，世界各国综合国力的竞争，已不仅仅体现在经济发展水平和科学技术上，更体现在文化的竞争上。文化软实力的地位和作用更加突出，各种思想和文化相互激荡，围绕增强国际话语权的较量更加激烈。文化越来越成为民族凝聚力和创造力的重要源泉，越来越成为综合国力竞争的重要因素。随着世界多极化、经济全球化和国际社会信息化趋势的深入发展，以及科学技术的突飞猛进，文化与经济、政治交融程度的不断加深，经济的文化含量越来越高，文化的经济功能越来越强。

3. 注重以人为本

现代教育要以人为本，体现人文关怀，不单单要注重人性的实现与回归，还要将学生看作是有思想、有丰富情感的人，明确学生是具有自主性、能动性的人，是具有发展潜能的人。这样才能够尽力发挥教育的作用。

4. 注重科学素养

科学是指发现、积累并公认的普遍真理或普遍定理的运用，是已系统化和公式化了的知识。科学包含自然、社会、思维等领域，如物理学、生物学和社会学。科学就是整理事实，从中发现规律，做出结论，科学的定义指出了科学的内涵，即事实与规律。科学要发现人所未知的事实，并以此为依据，实事求是，而不是脱离现实的纯思维的空想。科学是建立在实践基础上，经过实践检验和严密逻辑论证的关于客观世界各种事物的本质及运动规律的知识体系。科学的特性是不断追求进步。在现实生活中，科学的内涵越来越宽泛，不仅包含已经获得的知识，而且成为一个日渐广义的概念。科学是建立在比传统科学更广泛的定义空间的科学体系，是将传统的实验科学的外延从三维空间拓展到 N 维空间的理论体系，它包括一切应用科学和技术知识的源泉。在广义的内涵下，科学研究和人类自身的命运、社会治理更紧密地连接在了一起。在自然科学逐渐占据主导地位的今天，人类不管从事何种职业，都应同时具备人文和自然科学方面的知识。因此，培养全面发展的大学生，就要促使人文关怀与科学教育有机融合。

总而言之，在现代教育中，科学与人文结合的根本在于学校教育模式的改变，也就是使文科生增强对科学技术的理解，拥有双重智慧；使理科生加强对人文学科的学习。

（三）专门教育与一般教育有机结合

教育作为一种社会现象，是人类特有的传递经验的活动，它最终目的是开发人的潜能，使人类达到全面而自由地发展。职业教育包含多种学科，有着明确的专业划分，由于不间断地强化，其中的专业理念已经延伸到各个方面。科学教育体制是一把双刃剑，它虽然可以培养出不计其数的社会栋梁，却导致了教育失衡现象的普遍存在，并严重阻碍了我国社会的健康发展。如今，专门教育的发展已成为必然趋势，这种趋势在给人类带来危机的同时，也带来了时效和便捷。当前关键是坚持不懈地拓宽人类的智慧空间，化挑战为机遇，不断发展大众教育，将专门教育和大众教育较好地融合在一起，以达到培养人才的最佳效果。

现代社会是一个正处于转型期的、多样化的社会，人与人之间存在着各种各样的差异。通识教育是一种关注人类交往资源培养的教育行为，也可以将其翻译为"通才教育""普通教育""一般教育"等。现代一般教育的基本目标是在丰富多彩的社会生活中,为受教育者提供适用于不同人群的知识和价值观。随着经济全球化步伐的加快,东西方文明之间的交流增多,人与人的交往在精神以及价值层面都有了一定的共通性。一般教育通过交往自愿培养的途径来实现人类社会的基本价值,囊括了人与人、人与社会、人与自然的关系。一般教育注重人的主动性和全面发展,协调各类教育关系。因此,一般教育在培养人才的过程中占据着重要的地位。一般教育的目的主要是对学生进行共同课程的教授,使学生具有一定的能力。通过有效地思考、恰当地沟通、准确地判断,区分不同价值。一般教育即发挥人的主动性并与现实环境建立相关关系的教育。

知晓一般教育后,下面需要厘清专业教育。专业教育有着广义和狭义两种不同的含义:广义的专业教育概念与高等教育很相近,但它与其他教育阶段所实施的一般教育不同,也包含一些"专业"之外的教育。狭义的专门教育专指培养专业人才的教育,它是为学生学习某些领域的知识与技能做准备的高等教育,它通过系统地讲授学科的专门知识,有目的地培养拥有某些特殊技能和知识的人才。

顾明远在《教育大辞典》中对专业教育有着如下的定义:"专业教育是根据社会职业分工、学科分类、文化科学技术发展状况及经济建设与社会发展需要划分各个学科和专业,高等学校据此制定专业培养目标、专业教育计划和组建专业课程体系,为国家培养、输送所需的各种专门人才,学生亦按学科和专业的分割来进行学习,形成自己在某一专门领域的专长,为未来的职业活动做准备。"专门教育主要是用于为以后所从事的职业打基础,它通常通过分科教学得以实现。伴随着工业社会的出现,教育逐渐担负起越来越重要的职责,专门教育日益演化为高等教育的显要特征。因而,我们可以将高等教育定义为:培养完成完全中等教育后的人,使他们成为具有高深知识的专门化的人才的活动。

例如,在《现代汉语词典》中,"专业"是指学校的一个系里或中等专业学校里,根据学科分工或生产部门的分工把学业分成的门类。专业是学科的前提，而学科则是相关专业的组合体，这些组合体的构成离不开各科教师群体。因此，教师就成为学科和专业的桥梁。现代学校有着重要的任务，这种任务要求职业教育要以职业为重要内容。

如今，高等教育大众化已成为不可避免的趋势，为了满足大众的需求，这就迫切需要重新分配和整合现有的教育资源。现有的教育体系一直都是以专门教育为中心，而中华人民共和国成立以来，国家的发展和壮大需要大量的专门人才，这导致了专业教育受到重视，而一般教育却被长久地遗忘。从长期来看，我国经济的发展不仅需要关注社会道德和利益，还需要关注人文素养和情怀对社会发展的重大意义。因为，如果只注重经济的快速发展，而忽视了精神发展，也不利于社会和经济的发展。这样，受教育者就能享受到全面的教育，还能同时享受到人文教育、专业教育以及人文关怀。但一般教育与专门教育不是绝对对立的，它们都为人的全面发展服务，只是侧重点有所不同，二者是相互促进的。一般教育关注学生的全面发展，关注的是学生基础知识和能力的获得以及身心的共同发展，有利于学生专业知识的学习和持续地发展。而专门教育在教授专业知识和专业技能时，既关注学生批判与创新思维的形成与实践能力的提升，也关注学生的全面发展。因此，一般教育与专业教育不是对立的，而是相互联系的。

专门教育与一般教育的融合指的是打破学科和专业壁垒，在本学科领域中构建跨学科的一般教育体系，为学生提供一系列的精品课程，让受教育者拓宽视野，接触不同的学科领域，夯实基础，它们融合的目的是为了培养境界开阔、知识丰富、反应敏捷、情感真实的全面发展的人才，这也充分说明了一般教育与专门教育融合的必要性。

设置一般教育课程的基本思想是，通过两者的融合，实现知识经济时代教育的整体目标。凭借现代教育理念与和谐教育理念，完成有助于个人发展的课程设计，并通过多样化的教学形式，为受教育者打造自主发展、自主选择的良好学习环境。在一般教育课程中，始终贯穿着培育完整人格、坚强毅力、高尚道德情操的人文精神，这也是一般教育的核心理念。

（四）传统教育与现代教育相互融合

第一，人文教育与科学教育相结合。素质教育作为一种较为先进的教育理念，应该将人文教育和科学教育结合起来。培养高素质的人才，往往要将人文素养与科学素养的培养有机地结合在一起。我国的职业教育要全面进行素质教育，有必要将人文教育与科学教育相结合。

第二，文化素质教育与思想政治教育相结合。文化素质教育和思想政治教育是不可分割的。人才素质是指人们在先天生理的基础上，经过后天学习和社会实践形成的基本稳定的生理特点和思想行为以及潜在能力的总称，它主要分为文化素质、思想道德素质、业务素质和身心素质四个部分。而思想道德素质是文化素质的基础，是根本和精髓。

第三，文化素质教育与教师文化素养的提升相结合。教师在学校人才培养的过程中占据着重要的地位，教师文化素养的提升是全面推进素质教育与文化素质教育的一部分。一所学校文化素质教育工作也离不开教师对素质教育理念的掌握。从现实出发，学校就要把素质教育的推行与教师素质的培养融合在一起，统筹规划，整体实施，同时将继续教育融入学校的素质教育中去。从教师这方面而言，要将教书育人的职责与自我提升结合起来，将理论付诸实践，不断对素质教育理论进行研究，更新自我素质教育的理念，在教育工作中逐渐贯通素质教育的思想。

第四，不能忽视文化素质教育的基础作用。素质教育是指一种以提高受教育者诸方面素质为目标的教育模式。它重视人的思想道德素质、能力培养、个性发展、身体健康和心理健康教育。对于个人而言，没有文化素质做基础，他的思想政治素质就没有了支撑。而对于职业教育的人才培养的工作而言，如果只是对学生灌输思想政治理念，并不能发挥应有的作用。与此类似，如果没有思想政治教育，文化素质教育也就失去了方向。进行文化素质教育并不是用其替代思想政治教育，而是应将它作为提高思想政治素养的基础。做好文化素质教育工作，就能使思想政治教育更为贴近生活和现实。需要注意的是，素质教育工作的推行也不能偏离正确的政治方向与价值取向。

（五）注重培养创新思维与创新精神

创新是指在现有思维模式的基础上提出有别于常规或常人思路的见解，利用现有的知识和物质，在特定的环境中，本着理想化需要或为满足社会需求，而改进或创造新的事物、方法、元素、路径、环境，并能获得一定有益效果的行为。培养学生的创新能力与思维，就要求学生能够系统地学习专业知识，进行一定的专业训练，掌握相关的理论、知识与方法。经过学习和社会实践，使学生养成独立思考的习惯，找出现有知识和技术的不足之处，不断提出新问题。学校培养创新人才要转变以往的教育思想，如以学科为中心、以智力教育为中心、以继承为中心等。在教学实践中，重点培养学生积极思考、大胆质疑的创新思维方法，激发学生的学习兴趣，培养其科学批判精神和创新意识。

1.转变现有人才培养模式

在进行教育实践的过程中，形成了多种规范，如设置专业的标准、学科专业的培养目标与要求、各学科知识的学习与教授、课程内容和体系、教学方法和手段等。学校人才创新包括多个方面：办学理念和育人理念的创新、人才培养模式的创新、课程内容和体系的创新，教学方法和手段的创新，创新文化培育等。通常而言，创新以规范为基础，而规范则以创新为目标，两者关系密切。没有规范就没有创新，没有创新，规范也就无法立足。全面提高创新人才的培养质量，学校要从改革现有的人才培养目标和专业设置入手，夯实专业基础知识，加强教学实践活动，将人才培养付诸实践，培养具有特色的专业型、综合型人才。

创新型人才指富于开拓性、具有创造能力、能开创新局面、对社会发展做出创造性贡献的人才。通常表现出灵活、开放、好奇的个性，具有精力充沛、坚持不懈、注意力集中、想象力丰富以及富于冒险精神等特征。他们本身具备创造性思维和随机应变的能力，善于独立自主地发现和解决问题，并发表新颖的观点。随着我国经济的发展，创新型人才的培养越来越重要，这既是建设创新型国家的前提，也是各大学校所要面临的问题。传统教育认为知识多就是能力强，教育一直追求的也是向学生传授更多的书本知识。然而，知识并不是最关键的，重要的是创新能力需要的是兴趣、想象力与观察力。从这个意义上而言，知识的多少并不能说明能力的强弱。

目前，学校要集中精力进行创新人才的培养，就必须转变教育模式和教育方法。

（1）转变以知识传授为中心的传统教育模式，注重培养以创新精神为核心的教育理念。当然，知识的传授是培养创新人才的基础，没有知识创新就成了无源之水。但在传统的教育体系中，有一些课程已经不再新颖甚至有些陈旧，评估标准以及考试制度也一味强调学生对知识的接受，某种程度上不利于学生的独立性，这种观念严重束缚了学生独立思考的能力，只是将学生视为接受知识的机器。所谓的创新型教育，立足于鼓励学生大胆质疑，对以往的知识能够提出自己的见解，真正做到与时俱进。在进行创新型教育时，应提倡启发式教学、互助式教学，师生共同参与到课堂中来，一起探讨，发挥学生的特长，激发学生们的兴趣。

（2）转变以往的教育理念，树立各方面协调发展的教育理念。创新固然离不开智力的发展，但也离不开一个人主观能动性的发挥。创新的过程需要不断地追求与探索，还需要源源不断的动力。爱国的情感、责任心和事业心都可以成为创新人才的动力。

2. 构建创新人才培养模式

建设创新型国家需要培养大量的创新型人才。创建创新型人才培养模式，应从以下方面入手：

（1）以人为本，落实国家的方针和政策，全面推行素质教育。创新型人才培养模式的核心就是要培养全面发展的人才。

（2）解放思想，实事求是。学校要从时代的发展变化出发，根据客观现实，调整自己的思想和观念，培养出与时俱进的人才。

（3）尊重学生成长和发展的客观规律。创新型人才培养模式尊重学生成长规律，是学校发展的必然选择。在尊重学生身心发展的客观规律的基础上，学校教育必须充分考虑人的主观能动性，既要把学生看成教育活动的客体，更要把学生看成教育活动的主体。既要发挥教育的主导作用，又要尊重受教育者的主观能动性。在此过程中，教师要提升自身的创新能力，让创新体现在整个教育工作中。

（4）将理论与实践结合，培养学生的动手能力。学生要敢于走出校园，在社会中磨炼自己，并善于运用所学的理论知识接受实践的洗礼，让理论更好地服务于实践。

（5）创建有利于人才成长的学校环境。各学校应鼓励学生进行创新，并为学生自主创新创造条件、提供平台，激励他们在尝试中体会成功和失败。

（6）联系实际，紧跟经济和社会发展的步伐。培养创新型人才既要了解经济发展的现状，也要能准确预测经济和社会发展的趋势。创新型人才的培养要与创新型国家的建设、全面建成小康社会的需求紧密结合起来，也要与知识经济、科技发展的速度、不断更新的政治、经济与文化联系起来，在变与不变中逐渐前进。

第三节　校企"双主体"人才培养模式的实践思考

校企"双主体"人才培养模式有利于促进职业教育协调发展，下面以海南职业教育发展为例进行阐述。目前，海南职业教育发展的一个"瓶颈"就是校企合作形式单一、合作不紧密、合作缺乏深度、行业企业参与职业教育的愿望不强烈、职业院校合作的意向、劲头不足。出现条块分割，各自为战的局面，社会资源得不到很好的整合，职业教育发展举步维艰，建设国际旅游岛所急需的人才无法得到满足。为此，必须加快资源整合，深化人才培养模式创新，建立校企"双主体"的人才培养模式，实现校企互惠双赢，促进职业教育协调发展。校企"双主体"人才培养模式主要包括以下内容：

一、办学模式——校企合作

(一) 树立亲商理念

"亲商理念"产生于开放融合的教学理念下,最高宗旨是为企业服务,在日常管理服务和招商引资的过程中坚持"以商为本"的服务态度和价值观念,进而获得客商的满意度,与此同时,企业也能从中获利,并实现双赢。"亲商"最直接的目的是促进企业成立和运行,并从企业的角度思考问题,做到换位思考。作为职业院校,应该坚持以市场需求为导向,将院校的办学目标设定为培养企业所需的专业人才,并积极关注企业与社会的发展需求,加强与企业的合作办学。如果职业院校没有形成相应的"亲商"服务理念,没有服务于企业的自觉性,自然也无法与企业达成合作。只有将"亲商"理念化为共识,且每个人都自觉行动,最终才能达成职业院校和企业的合作。

企业和职业院校的合作离不开双方的共同努力。首先,相关企业应该提供充足的实训资源给职业院校,职业院校将优质的教育资源提供给广大学生,由此学生学成以后,专业能力和实践能力都有所提升,进而成为对口企业的高素质人才。其次,学生可以为职业院校提供生源,职业院校可以为企业员工提供专业训练,企业可以给学生提供就业机会。只有促成三方的良性循环,才能确保企业和学校的协调发展,进而实现互惠双赢。

(二) 实行股份制办学

当前,海南职业院校在发展的过程中,出现了校企合作方式单一、合作结构散乱以及企业和学校无法真正融合的局面。股份制办学可以有效解决这个问题。将学校的股份出让一部分给企业,让职业院校的发展和企业的发展紧密联系在一起,只有让职业院校和企业荣辱与共,才能充分调动双方的合作积极性。因此,高校和企业必须不断完善合作机制,形成长效机制,增强职业院校和企业的责任感和共同发展意识。

首先,将政府、企业以及学术界的资源整合在一起,让三方从不同角度给学校提供强力支持，形成现代职业教育体系，真正体现企业和学校自主参与、政府主导的合作形式。

其次，建立健全职业院校和企业的合作机制。学校和企业可以通过平等协商、签署合作文件的方式明确双方的职责和权利。比如：学校根据企业的人才需求标准培养人才，为企业输送专业人才，并为企业提供开放式教学资源和技术服务。企业则可以在学校投资一部分股份，参与建设学校的训练基地，还可以主动给学校捐赠硬件设备，并指派优秀、专业的工作人员到职业院校担任教师，给职业院校的学生提供实习和就业机会。

最后，成立专项工作机构。在当地政府和相关部门的带领下，建立校企合作指导委员会，委员会的主要成员是行业管理部门、相关企业和学校，三方合作共同研究和制定相关政策、战略和规划，并进一步协调好学校和企业的关系，加强双方的合作力度。除此之外，由教学指导委员会根据区域产业结构的发展趋势，不断创新和开发新专业，教学指导委员会还需要负责专业建设、教学实施和改革和管理学生实习就业，为社会提供技术支持等工作。校企合作指导委员会和教学指导委员会应该定期开展工作会议，加强工作交流和信息反馈，及时发现问题、解决问题。

（三）分析校企合作模式

第一，访问工程师模式。为了加强校企合作，高职院校派遣相关专业的教师挂职到企业，进而提升教师的实践经验，派遣教师深入对口企业学习和实践，让教师具有较高的专业理论水平，且充分了解和掌握行业最新的发展趋势，进而全面提升派遣教师的专业能力和应用能力。此后，这些派遣教师不仅可以担任学校的专业理论课教师，还可以对学生给予实操指导。另外，派遣教师还可以加入公司，和公司专业人员进行项目研发，由此，组建起一支理论与实践经验丰富的多技能型师资队伍。如果企业派遣工程师或技术骨干等专业人员到职业院校担任实习指导教师，学校应该承认这类专业人才的讲师资格。职业院校和企业双方可以采取双向培养和考核的方式对待兼职人员。

第二，双元制培养模式。这种人才培养模式主要存在于工厂企业和职业学校中，将企业的实训实践和职业学校的理论知识紧密联系在一起。在教学的过程中，企业实践和职业学校的理论教学交替进行，在企业实践的时间占60%，在学校学习理论的时间占40%。实操练习主要由企业负责，职业院校则主要负责理论知识和人文知识的学习。学生必须修完学校和企业的学分，并达到国家规定的要求才能毕业。双元制培养模式的优势主要表现在：企业的参与度较高，学生可以在真实环境中练习，这为学生之后的发展奠定了坚实的基础，在一定程度上降低了失业风险。同时，也有缺点，即企业和学校的管理难度较大。

第三，共建实验室模式。根据区域重点产业的发展需求以及政府的政策支持，在政府的主导下创建产业园、科技园等人才培养和发展载体，并按照多元合作模式与行业中的领头企业密切合作。除此之外，企业可以在职业学校投资占股，为学校建设实训基地和实训室，并丰富学校的教学资源，通过建设服务产业链和专业群满足学生的学习和实践需求，进而培养和提升学生的综合能力，增强企业的综合竞争力。

职业院校和专业对口企业共同创建高水平实训室，全面配置实训设备，并全面融合真实、虚拟及仿真，兼顾硬件设备和软件设备，技术水平和装备水平都应该适度超前，将教学、培训、研发和社会服务等功能融为一体，建设高职院校和企业共享的综合性实训基地。让实训基地不仅可以满足学生的实训需求，还可以满足企业员工培训的需求和研发相关技术。

（四）企业参与人才培养

企业和高职院校共同制定人才培训计划和教学方案，在设置课程体系标准的过程中，校企共同开发专业课程和教材，并依据企业和社会的发展需求调整相关专业。企业应该和高职院校一起合理配置教学资源，设置专业化、个性化的教学情境，并给学校发展提出适当建议。此外，企业还可以在高职院校设置专项奖学金，给学校提供先进的技术和设备，进而促进学生学习和掌握先进技术。为了提升高职院校的就业率，企业可以为学生提供实习和就业机会，并派遣相关专家指导教学和实训，进而提升学生的实践能力。携手高职院校共同构建学生就业服务平台，健全学校的学分机制，从提升职业能力出发，全面提升学生的综合能力。

二、教学模式——"教学工厂"

我国高职院校可以借鉴和学习新加坡南洋理工学院的职教模式——"教学工厂"，以促进校企深入合作为基础，基于工作过程构建相应的课程体系。把真实的实训环境和先进技术、设备引入高职院校，高度融合学校的教学形式形成综合性教学模式，加强学校、实训基地和企业的合作，"教学工厂"模式有机结合了企业实训、项目及学校教学。

在前两个学年，高职院校主要开展基础培训，学习理论知识的同时开展各类实验，此外，也可以组织学生研究小型项目，不断丰富学生的理论知识，值得注意的是两年的基础并不全是理论基础，还要培养学生的实际应用能力。

到第三学年，学生可以选择专业发展方向，并根据选择从事不同项目的研究、分析和实践，把前两年掌握的理论知识和实践操作全面融合，进而提升实操能力。

三、教学方法——CDIO项目制教学

把CDIO当作工程教育的主要环境，在一体化课程体系的基础上，依据学生的发展特点和学习需求，把学生的CDIO能力分为四个等级：新手级别、基础级别、专业级别以及创新应用级别。每一个级别的教学目标和要求不同，学校通常会采用项目教学法、案例教学法和坚持理论与实践相结合的教学方法。在学习的过程中，以项目为中心，通过制造真实的场景活动实现项目目标，进而提升学生的实践能力和夯实学生的理论基础。学生通过项目活动提升自身的综合能力，让学生真正做到学以致用，进而提升方法能力和专业能力。在学习和训练如何解决问题的过程中，可以通过典型案例充分证实实践的重要性，并引导学生关注案例的整体性和连续性，增加学生对完备性、系统性知识的关注，提升学生的团结协作能力。

四、学习模式——工学结合

积极推行工学结合的学习模式,这种学习模式融合了生产劳动和社会实践。高职院校可以交替安排学生在校学习或企业实习,还可以采取"引企入校"的校企合作模式,在校企合作的过程中,学校负责提供实训场地,企业负责修建厂房和配置设备,校企合作建立生产实习基地。另外,学生通过校企合作可以提前体验工作氛围,为未来的发展奠定基础。通过工学交替、顶岗实习以及任务驱动等合作形式,可以增强学生的综合职业能力及应用能力,让学生在课堂、场所和企业之间实现理论与实践的有机结合,进而提高学生的综合实力。促进企业和职业教育的和谐发展,需要校企共同创新"双主体"人才培养模式,让学校和企业发挥自身优势,实现资源共享和优势互补,最终促进职业教育的快速、高效发展。

第四节 海南职业教育人才培养模式的创新研究

一、海南职业教育人才培养模式创新的必要性

首先,我国新型工业化和服务现代化发展不断加快,海南对高素质技术型人才的需求越来越大。目前,海南省优化和升级产业结构的主要措施是加快发展新型工业、积极发展旅游业、大力发展海洋经济和高新技术产业。随着国家相关战略和措施的继续实施,海南省积极响应"大企业进入,大项目带动"的战略发展,将经济稳定在较好的状态。海南省的发展急需大量新型工业体系和现代服务业体系的专业技术人才,其中包括油汽化工、汽车制造、制造业、旅游业、港口物流业等行业的专业技术型高素质人才。但从海南省目前的发展现状来看,它的经济社会发展需求和劳动力素质并不完全匹配,大多数劳动者都属于体能型、普通型初级劳动力,缺少专门

劳动力、技能型劳动力和高级技工。所以，海南省的高职院校的根本任务是培养一批专业能力强、高素质的技术型人才。由此高职院校急需创新人才培养模式，深入探讨人才培养机制，努力培养出符合社会经济发展需求的人才，为海南省的经济发展提供强有力的人才支持，进而促进海南省产业结构的优化和升级。

其次，积极构建新农村，为海南省的高职教育提供发展机遇。从目前的发展现状来看，海南省很长一段时间都会以农业发展为支柱产业。所以，在建设海南省新农村的过程中，海南省的高职教育将面临新的挑战，但与此同时，也获得了新的发展机遇。海南职业教育不仅要面向城市发展中出现的生产、建设、管理、服务一体化发展，还需要针对海南省的现状（农村劳动力的文化水平低，大部分村民缺乏职业技能），积极开展对应的职业技术培训和教育，让农民逐渐适应现代化发展要求，这项任务是建设和发展新农村的重点。高职院校要完成这项任务，必须充分发挥各地区经济的作用，深入探索行之有效的人才培养模式和发展模式，由此培养出一大批建设新农村的技能型高素质人才，并在此基础上实现海南省产业结构优化和升级，推动农业科技发展，提升农民的创业能力和推进农村城镇化建设。

最后，不断推进和谐海南建设事业，各职业院校应该加强对学生的就业指导，在提升自身发展能力的同时增强学生的创业能力和就业能力。当前，海南人民最关心的问题是如何有效推动和谐海南建设事业的发展。除此之外，随着海南省各类人群的就业压力不断增大，人们越来越关注当地的就业问题，这一问题也逐渐变成了制约海南建设发展的重要影响因素。所以，海南高职院校面临的最大问题就是如何通过人才培养提升就业率和就业质量。曾经，海南各高职院校为海南人民群众的高等教育做出了巨大贡献，发展至今，越来越受到当地广大人们群众的关注。当前，为了进一步推进和谐海南建设事业的发展，各高职院校应该积极探索和创新人才培养模式，以就业为中心，进一步满足社会经济发展的需求，并有效解决影响社会经济发展的根本性问题。

二、海南职业教育人才培养模式的创新途径

（一）明确人才培养目标及培养规格

从本质上来说，高职教育产生于社会市场需求，如果一味沿用传统的人才培养模式、学科教育方式以及管理方式，就无法摆脱普通本科教育对高职教育的"压缩"以及专科教育对高职教育的"克隆"，最终被市场淘汰。面对双重压力，高职教育应该认清自己，不断创新人才培养模式，与此同时，海南高职教育不能全盘照搬其他学校的培养模式。所以，海南省的职业院校应该深入调查和研究海南省的发展情况，根据自身实际，依照市场经济的发展规律，找对自身定位，及时调整和转变人才培养模式，形成具有自身特色的人才培养模式和教育教学品牌。

各高职院校在制定人才培养目标和明确自身类型定位的同时，还应该做好层次定位。从类型定位的角度来看，高职院校培养的大多是技能型人才。从层次定位的角度来看，高职院校的人才培养主要面向于社会生产、建设和服务的第一线，培养的大多数高素质技能型人才。换句话说，高职院校培养的人才大多是基层岗位人才，具有较高的实践性。

当高职院校的类型定位和层次定位明确之后，更重要的是结合实际，进一步将定位具体化。当高职院校明确专业人才培养目标及规格之后，可以根据实际情况成立专业指导委员会，委员会的成员包括专业教师、企业专家及翘楚行业代表。此外，专业指导委员会可以从旅游和农业等行业着手，指导相关人员开展市场调查，明确学生的发展前景和就业岗位，还可以从职业岗位能力和资格标准着手，从中了解和掌握学生应该具备哪些专项能力，进而制定人才培养目标和规划，做到精准培养，进而提升整体的办学效率。

（二）构建满足人才培养需求的课程体系

首先，全面推进课程开发主体多元化发展，从单由学校培养转变为企业和学校共同培养，充分利用企业和行业的资源优势，积极开发和设计专

业课程，让企业、行业也成为课程设计和开发的重要主体。具体形式需要高职院校和企业共建合作机制，让企业和行业都参与到课程设计和人才培养教学课程的内容和评估标准，充分发挥行业专家和企业专家在人才培养和课程建设中的主导作用，这不仅是高职教育对人才培养的普遍要求，也是解决海南省教育水平相对落后、师资建设时间较短问题的重要方法。这样做可以充分利用人才资源，并快速、有效地推进课程建设和改革，也在一定程度上减少了高职院校的经济投入和经济投入，避免了不必要的麻烦，进而让高职院校有更多精力和资金投入内涵建设。

其次，在设计高职院校课程教学目标的过程中，坚持以就业为导向。海南高职院校之所以以就业为导向设定教学目标，最大的背景是海南省国际旅游业和农业生态建设发展良好。所以，高职的教学课程目标不但应该符合职业教育的发展目标，还应该以海南省的发展现状为重要依据和导向，明确职业基本能力要求和详尽的岗位标准，确定职业岗位的知识架构、能力要求和人才规格，进而明确人才培养目标定位。与此同时，设计高职课程教学目标还应该充分考虑学生的德、智、体、美、劳全面发展以及职业技术训练，进而建设"三位一体"的教学目标和教育目标，让高职课程目标和就业目标紧密相连，为学生的后续发展创造良好条件。

最后，设计高职课程内容应以就业为导向。各高职院校应该加强与旅游业、农业等相关行业的合作，共同开发符合经济社会发展的课程，并围绕职业能力、职业技术应用能力以及岗位工作能力的发展主线，进一步优化和调整课程内容。在整合课程的过程中，应该突破学科界限，根据优化教学体制、合理整合教学资源以及遵从认知规律等原则突出高职课程的先进性、适应性、针对性。另外，在明确课程教学内容的过程中，应该依据职业岗位的具体要求和相关职业的资格标准确定教学内容，积极吸收新标准、新技术及新工艺，建设符合高技能人才培养目标的课程内容，培养出基础理论知识扎实、实践操作能力强、职业道德素质高以及适应市场需求的技能型人才。

（三）推行符合人才培养需要的教学程序

不断创新教学手段和方法，积极完善海南人才培养需求教学程序。从教学方法的角度来看，高职院校应该依据"教、学、做"融为一体的教学原则，注重理论与实践相结合，充分利用仿真教学和现场教学方式，重点关注实验、实训和实习等重要的实践教育环节，将实习实训项目设定为真实案例进行分析和实践，注重培养学生的实践能力，并提升学生的自主学习能力。

除此之外，还应该依据学科特点开展针对性现场教学，积极推广案例教学、讨论式教学和项目教学等教学方法。在使用教学手段的过程中，可以充分利用现代教育技术和生产仪器，通过实践提升学生的应用能力，进而促进教学方式的多样化发展。

（四）优化利于人才培养需求的保障条件

从实际情况来看，加强建设实训实习基地、师资队伍和教育教学评价机制等，都是保障人才培养的必要条件。从建设师资队伍的角度来看，海南应该尽快建设双师结构教师队伍，增加专业教师的占比，并且这类教师最好有相关企业工作经验，另外，高职院校应该积极安排专任教师到对口企业实践，提升专任教师的综合能力，并不断增加双师教师占比。与此同时，高职院校应该尽全力聘请企业相关人才进入校园兼职教师，增加兼职教师的占比，进一步形成兼职教师教授机制，从根本上提升学校教师的教学能力，并不断完善双师教师队伍。在建设实习实训基地的过程中，应该注意以下几点：

首先，促进建设主体多元化发展，根据教育机制、规律和相关的市场准则，通过多种形式和方法筹集基地建设资金。

其次，积极探索校企合作的新模式，努力尝试新的实践教学模式，由高职院校提供建设场地和场地管理，由企业和行业提供专业设备、技术和师资支持，并以企业组织实训活动为主，新的校企合作模式是实现产学结合、人才培养的重要途径之一。

再次，应该充分利用现代技术，结合教学实践和教学需求，灵活运用和开发虚拟工厂、实验和工艺等。

最后，海南高职院校要尽量克服海南的自然地理位置和经济发展水平对其造成的影响，以教考分离制度为基础，各高职院校应该针对其他相关课程建立考核抽查制度，并科学分析考核成绩，对可能存在问题的课程进行考核和抽查，具体考核的内容包括试题的质量、阅卷情况以及成绩审核评定等。比如，抽查的重点对象可能是考核全部及格的课程以及分数太高的课程等。如果企业在抽查中发现问题，可以要求合作的职高院校及时整改，如果问题比较严重，可以组织开展对其重新考核。

在现代职业教育体系建设的过程中，有益于探索的试点项目是高职院校和本科院校衔接培养技术型人才。比如，江苏理工学院，是一所地方特色鲜明的应用型本科院校，该学院在探索和实践现代职教体系建设中取得了有效进展和丰富经验，在一定程度上推动了现代职业教育体系建设的发展。值得注意的是，在实施试点项目的过程中，各高职院校和本科院校仍存在一系列问题，比如，没有深入对接课程体系、企业的参与度不够以及教师达不到试点项目的要求，等等。

第五章 职业教育质量保障体系建设的路径

第一节 职业教育质量保障体系建设的顶层设计

建设职业教育质量保障体系离不开完善的顶层设计，也就是要构建高等教育质量保障体系。在目前高职教育质量保障体系建设情况的基础上，学习本科教育质量保障体系建设的成功经验，推进高职教育质量保障体系建设可以从以下方面入手：

第一，高职教育发展具有自身的规律和发展特点，要充分认识这一点。高职教育既有高等教育的特征，也有职业教育的特点，但是教育质量保障和评估制度设计也尤为重要。例如，职业教育的办学理念是以促进就业为主，倡导学生的学习和产业发展相结合，其培养方式、双证书制度、顶岗实习等都体现出职业教育的特点，所以要考虑质量保障的主体、评估内容和评估方式是否符合以上要求。此外，目前职业教育正在进行改革，其中一项重要内容是中高职的衔接，纵观我国经济与社会发展的情况和发展趋势，未来的职业教育将实施四年制，甚至要具备更高层次，与此相对应的质量保障和评估体系也要紧随其后，与时俱进，因此相关专家学者要提前进行前瞻性研究。

第二，为高职教育质量保障与评估体系建设划拨专项经费。为推动本科评估新方案的实施，国家为本科教学评估设立了专项经费，用于评估方案的研究、建立教学数据库、开展评估工作、发布教学质量有关报告等，这在很大程度上推动了本科教学质量保障体系快速的建设。如果高职教育质量保障和评估制度的设计也包括这项内容，一定会有更好的效果。

第三，充分认识到行业企业在质量保障中发挥的重要作用。在质量文化方面，高职教育和普通本科教育最明显的区别是有行业企业的参与，所以要支持和引进各类行业企业参与到高职教育中。要提高高职教育的质量，可以从以下方面入手：①与教育部门携手合作，制定专业教育质量标准、职业资格评估方案等；②与教育部门共同举办评估活动，让企业在专业认证和评估方面发挥更大作用；③让行业指导委员会参与进来。

第四，高职教育办学要严格遵循国家质量标准。任何学校的办学都离不开质量标准，质量标准是评估学校教育的依据，社会监督教育质量也主要参考质量标准，其主要包括以下几点：学校的办学标准、评估人才培养方案的标准、专业设置标准、专业培养质量标准、职业资格标准等。

我国高职教育数量庞大，涉及范围广，东西部地区发展不均衡，在制定质量标准时要考虑这一情况，并且遵循以下两个原则：①循序渐进，层层深入。从高职教育最基本的领域出发，确定统一的项目，例如，设置专业的标准、院校办学标准、拨款标准等，在这些标准的基础上制定教育质量标准就会更有保障。②国家质量标准也能体现分类指导的思想。首先设立基本要求和发展标准，并对外公布，在有效期内没有达到标准的学校就会被淘汰。需要注意的是，发展标准是指导性的，为经济发展水平较高地区的学校和办学水平高的学校提供发展的新途径，使之达到更高的水平，让这些学校引领其他高职学校的发展，甚至走向国际。

第五，促进高职院校不断建立和完善内部质量保障体系。当前国际上比较流行的第四代评估理论十分重视学校在质量保障和评估方面所起的作用，并认为评估需要多方协商，共同构建，有关各方的诉求都应得到尊重，外部的质量保障和评估都是为了帮助学校构建并完善内部质量保障体系。这一理念值得推崇和宣传，可以改变学校的被动地位，建立自我评估机制，使内部质量保障体系不断完善。

不同学校的内部质量保障体系有不同的构成方式，但都遵循以下规律：

①以质量文化为指导,明确办学目标和人才培养方案;②在办学目标和人才培养方案的基础上为不同教学环节制定质量标准;③根据目标和质量标准提供人力物力支持;④监督整体过程,保证人才培养工作顺利进行;⑤完善评估机制,实施自我评估,并建立和完善学校教学状态数据库,对教学状态进行监督管理;⑥及时收集反馈信息,使人才培养的各个环节能够及时更新,并在实际工作中不断调整和完善;⑦严格遵循教育规划纲要的要求,对外公布年度教育质量报告,接受社会监督。如果每一所高职院校都拥有完善的内部质量保障体系,那么我国高职教育的质量才能不断提高。

第二节 职业教育质量保障体系的课程建设与教学

一、职业教育质量保障体系之课程建设

(一)产学研结合帮助提高课程建设水平

1. 产学研合作教学的前提

高职院校要重视产学研相结合,产学研合作应该是高职院校办学的基本形式,无论是教学建设还是教学改革,都离不开产学研合作这一基础。所以,高职院校的目标必须明确,将产学研合作放在学校工作的中心环节,并通过各种实践探索产学研合作的新途径和新形式。

(1)制订产学研合作工作计划。有关实践表明,通过不断实践和研究,然后总结发展经验,并不断改进,可以有效促进产学研合作。也就是说,负责决策的管理者和负责具体教学工作的教师,从上到下都要认真研究高等职业教育和产学研合作教育;在日常管理和教学工作中,从自身专业出发,努力探索产学研合作办学的新途径,并立足于课程,总结产学研合作实践经验;将与产学研相结合的理念贯彻到教学内容、教学模式和教学组织等

各个方面，总结经验教训，尤其是合作时积累的成功经验，实现产学研合作的持续发展、健康发展。

（2）确定产学研合作办学的指导思想。这一指导思想应该以促进就业为目标，以服务为根本宗旨，推动产学研合作办学，培养综合素质全面发展的人才。高职院校的专业设置和调整，改革教学等工作以及明确学校管理机制都应以这一理念为指导。

（3）加强产学研合作机构及机制建设。高职院校应该成立专门的机构，专门负责管理产学研合作，并制定相关规章制度，这样就可以有效解决在产学研合作中出现的各种问题，并完善产学研合作管理机制。此外，应该为不同的科研项目配备资金，最终的成果收益由各方平分，这样就可以加强与企业的技术合作，调动教师的积极性，使他们更加热心于科研工作，也能吸引更多企业投资。为了在人才培养方面加强与企业的合作，可以让企业参与人才培养方案的制定、教学管理和运行等，并与企业实际扶植订单式培养相结合。鼓励教师多参与实践锻炼，教师要加强与企业的沟通交流，尤其是学科带头人，要积极主动地参与到企业的项目研究和开发中，青年教师要进入企业学习，在产学研合作的模式中加强自身能力建设。学校要积极引进高新技术人员，也可以采用兼职聘任的方式，除了引进人才，还要大力引进资金和项目，为产学研合作营造良好的发展环境。以产学研合作为基础，设立科研成果奖、教学成果奖、精品课程奖等各类奖项，调动教师参与校企合作的积极性，使他们致力于教学、技术等方面的研究工作。同时，在考核教师业绩时，重点关注科研项目、技术合作项目等重要指标。通过组织、机制、体制三方面的建设，使高职院校和教师整体的教学、服务、研究等能力得以提升，实现产学研合作的良性发展。

2.产学研合作教学的方式

全面考察地区经济、社会等方面的发展情况，结合自身特点，确定产学研合作模式，这是产学研合作实施工作中至关重要的一步，以下是几种有效的合作形式：

（1）将实践教学作为目标的产学研合作形式。学校可以在企业建立实践教学基地，充分利用企业的设备、人力、技术和信息资源，为学生提供更好的教学服务，加强实践锻炼。

（2）以促进就业为主要目标的产学研合作方式。学校可以与企业合作进行顶岗实习、订单式培养。

（3）以加强技术合作为目标的产学研合作方式。设立专门的科研机构，鼓励教师积极参与科研工作：首先，对高职教育进行深入研究；其次，研究技术及其应用，与企业开展技术合作，学校还可以协助企业共同开发新产品，进行技术和工艺的革新，为中小企业提供技术和咨询服务。

（4）以整合资源为主要目标的产学研合作形式。企业中存在大量闲置教育资源和设备资源，学校可以利用这些资源，与企业合作，组织开展教学。

3. 产学研合作教学的策略

（1）多方面拓宽渠道，采取不同的形式。多渠道和多形式的策略确立产学研合作教育模式在学校教学中的主体地位，在教学、科研等教育工作中，坚持贯彻落实产学研合作理念，应该是高职院校产学研合作的主要目标。

（2）吸引外来投资和主动对外投资同步进行，实现三赢。行业、企业、科研院所三方加强合作是产学研合作的有效策略，对三方都有益处。学校要主动寻求对外合作，加强与企业的技术交流，大力培育科研和教学项目，然后更有针对性地培养人才；采取多种方式引进企业先进技术；在课堂上为学生讲解企业的标准、规范、企业文化、竞争意识等；聘请企业技术专家担任学校教师；积极寻求与行业、企业、科研院所的合作，使企业、学校和学生都能从中获益。

（3）分阶段实施，循序渐进。这一策略对促进产学研合作的持续发展大有好处。第一阶段的主要任务是宣传和动员，通过政策宣传和引导，转变产学研合作教育理念；第二阶段要大力提倡和鼓励，在学校树立榜样，加强对外交流并建立相关机制和制度，使管理人员和教师更加积极主动地参与到产学研合作中，拓宽产学研合作项目来源渠道，积极寻求合作伙伴。大力引进人才、资金、技术、设备等，把社会各界都纳入合作伙伴的范畴中，提高学校的整体实力；第三阶段要大力推进产学研合作，建设硬件和软件环境，推动教育教学改革，使学校在人才培养、科研、服务社会等方面更上一层楼，成为综合实力较强的高职院校。打造高职院校品牌，需要依靠学校自身的影响力、水平、实力等参与社会各项活动，实现与企业、科研院所的合作。

（4）五结合策略。五结合指的是专业与市场相结合、教师与技术相结合、课程与职业标准相结合、实训基地与行业相结合和学生与企业相结合。专业与市场相结合，要求专业与市场对人才的能力需求和技术发展要紧密结合；专业课教师要积极开展技术研究，关注技术发展情况；学校课程内容的设置要与职业标准保持方向一致；行业在信息、技术、人才等资源方面占据优势，学校可以在企业建立实训基地，加强与行业和企业的联系与合作；学生也应该提前了解企业，了解企业的特点和企业文化，对企业拥有的技术、工作性质有大致的把握，便于今后更好地适应工作岗位。

（二）提高高职课程教学资源网络化水平

课程建设，特别是精品课程建设是高职教学质量与教学改革工程中的一项重要内容，是运用现代信息网络技术手段进行教学与管理的课程体系，是以实现优质教学资源共享，提高高等学校教学质量和人才培养质量为目标的。课程教学资源的网络化是为了调动学生的学习积极性和自主性建构，各级各类学校应将学校开设的课程的教学大纲、教学主要内容、知识点（含难点重点）、案例库、习题库、教学课件、模拟实验、参考文献及资料、前沿问题，甚至授课录像等资源挂在网上，这样不但有利于自己学校各年级学生的学习，还有利于不同学校的学生学习。特别是一些名校的网络化教学资源，可以成为全国各学校学生学习的资源。但是，由于各种原因，我国各学校课程教学资源的网络化建设速度缓慢，跨学校进入课程平台难度较大，难以实现课程教学资源共享的目标。学校应该充分利用精品课程建设这一平台，创新教学理念，更新教学方法，促进学生改进学习方式，提高学习效率和质量。

二、职业教育质量保障体系之教学改革

职业教育质量保障体系之教学改革,应面向市场需求,把专业建设和结构优化作为提高人才供给质量的抓手和着力点,通过扩大高职教育的有效供给,激活社会总需求,促进市场需求和人才供给的良性互动。下面以有效性下的高等职业教育教学供给侧改革为例进行分析。

(一)以观念创新为教学先导

观念创新对高职教育的供给侧改革具有重要的驱动作用,如若无法对改革观念加以创新,就会在改革过程中畏首畏尾,由此可知,高职教育的整体创新有赖于观念创新作用的发挥。具体来讲,基于当前供给侧改革持续发展的背景,高等职业教育必须将自身的功能发挥渗透到供给侧改革的各个环节。推进高职教育供给侧改革,应当建立在培养广大职业院校供给侧改革思维方式的基础之上,立足供给端,使广大职业院校具备一定的供给侧结构性改革意识。

高职院校要具备供给意识。高职教育要改进教育供给端的质量,以实现教育供给端创新性的提高以及对学生需求的适应性,进而在与学生个性特征相契合的同时,又能够满足社会的未来需求。在设置和调整专业的过程中,除了要以当前的行业企业市场需求为出发点,还需要对劳动力市场的发展方向和发展趋势进行深入研究和分析,以保障所提出预测和战略预判的科学性,并在此前提之下,实现对学生培养方式、课程结构、考试评估以及就业指导等环节的不断改进。另外,要充分尊重和发挥学生的主体性和个性化,要重视学生的实际所得,基于精准化、创新性和高效性的供给来提升高职教育的整体质量和满意程度。

第二,高职院校要具备环境意识。在调整和优化专业的过程中,高职院校要积极改善和优化自身的发展环境。职业院校这一教育类型与市场之间保持着最为密切的联系,这就需要职业院校要在政府减少行政干预方面发挥推动作用,并使"制度供给"不断强化,以保障自身办学的主体性。

同时，还需要就校企合作不断探索深度共建的方法，并在双方合作投入、学费分成、共享专利和共担分享等方面推进利益分享机制的构建。

（二）以产业升级为教学驱动

高职教育教学应当全面把握国家产业转型升级的形势，在实现服务发展支撑力进一步强化的同时，发挥产业升级的驱动作用来同步发展学科专业调整和产业发展，进而有效缓解劳动力市场传统人才冗余、新型技术人才稀缺的结构失衡困局。

取缔部分不良企业，对低端无效供给予以削减，并对以往供给老化、过剩等问题予以解决。为此，高职院校需要压缩和淘汰那些招生难度较大、就业形势严峻以及存在突出同质化问题和多个布点的专业，同时暂停或取消那些脱离人才培养和产业发展需求的劣势专业，以此来维护家长、学生和利益相关者的合法权益。

以新职业、新工种和新产业为参照来培育新专业。在遵循因地制宜、因时制宜原则的前提下，高职院校要与地方经济社会发展相融合，立足地方发展，凸显对国家战略新兴产业发展、传统产业改造升级、社会建设和公共服务领域改善民生急需的专业建设。另外，高职院校还需要利用和创造一切有利条件来增设新专业，以适应新一代信息技术、航空产业、新材料新能源、环保节能、生物医药、智能制造设备等战略性新兴产业的发展需要，同时，在专业供给侧改革过程中，还需要凸显培养新型技术人才的重要价值。

强化优质供给，凸显专业个性，打造优势专业。所谓专业个性，指的是专业与行业之间维持着密切联系，比如家电、家具、纺织、光伏和陶瓷等。校企合作作为这一目标得以实现的重要渠道，通过发挥行业企业对专业建设的重要指导作用，才能够实现教学过程与企业生产必需的自动化生产线改造、数字化智能化技术应用等的有机融合，而对实践实训教学环节和课程的改革以及对学生知识、能力和素质结构的优化，也能够促进经济产业链与人才供给链的有效衔接。另外，还要借助先进技术（如大数据、传感器、智能控制系统、物联网等）的力量，对智能产品（如智能家居、智能家电、服务机器人、可穿戴设备、智能终端等）进行研发，以此来融合教学与产业、衔接课程结构与产业需求。

（三）明确专业教学建设思路

教学理念对教学实践具有指导性作用，只有确保学生具备可持续发展观念、服务于区域经济发展的意识以及为行业企业提供优质服务的核心理念，才能促进专业动态建设的精准度。基于这一理念的指导，需要在供给侧改革的背景下合理优化配置校内的各种软、硬件资源，以使需求端的质量得到最大化满足。目标是升华后的理念和实践的根本方向，而实现专业动态建设进一步强化的终极目标就在于使学生、学校和企业的可持续发展需要得到最大化满足。专业动态建设的重心在于具备可持续改进与优化的功能，并且要将这一功能渗透到政、校、企相关部门的顶层设计和专业建设队伍、人才培养、知识增长、场所建设等各个环节，以动态供给来为专业机制建设和渐进式调整的实现提供重要保证。另外，专业建设还必须借助评价机制的力量，在评价主体的确定上，既要囊括关乎专业建设的学校、行业企业和政府，又要借鉴资质齐全的社会第三方机构的评价机制，以此来保障专业建设的科学性和可实践性。

随着高职教育内外部环境的不断调整，高职专业建设与调整工作也必须适应这种变化，并做出以下四大调整：①以适应市场经济需求来转变思想。作为设置高职专业的基础和前提，市场需求的变化对于调整专业具有方向指导作用。②以均衡"质""量"发展目标来转变思想，一方面要对增加高职专业数量提高重视程度，另一方面也要对协调发展高职专业的结构、效能、特色和质量予以重视。③要秉持实事求是的务实思想。高职专业的设置要避免盲目性，要契合高职院校的实际办学条件。④要秉持主动竞争的良性思想。挑战是进步的助燃剂，竞争是发展的源动力，为此，高职专业必须积极应对各种挑战与竞争，以实现自身的发展。

（四）以体制创新为教学支撑

通过机制创新，产生供给侧改革的新动力，努力满足行业企业、学生、家长等不同群体的多样性需求，提高高职教育教学的供给效率。

1.强化高职院校的主体意识

作为专业结构不断优化的中坚力量，高职院校的作用不容小觑，然而在当前的专业管理体制下，大多数高职院校对专业结构加以优化的行动都是在教育主管部门行政政策的指导下进行的，其专业优化积极性和主体性均处于薄弱状态。站在高职院校的立场来看，专业调整是需要在教师、场所、实训仪器设备等多重保障下进行的系统工程，但同样需要认识到，无论是教学条件的完善，还是实训场地的建设、专业教师的培养都是一个长期的过程，而巨大的经济投入和准确的规划设计缺一不可。所以，高职院校必须广泛开展专业调研，在对本区域内相同或相近专业的布点情况进行分析，明确专业服务对象，在专业体制的建立上凸显专业课程管理的核心地位，以实现课程开发能力的有力提升，同时在落实因材施教核心理念的前提下，围绕不同生源来设计相应的人才培养方案。高职院校的各个专业都应当凸显专业个性、打造品牌专业，并通过"专业中心建设课程"向"课程中心组合专业"的调整，来实现专业结构调整优化自发性和自主性的进一步增强。

2.重视社会力量的积极作用

高职教育院校的专业建设与管理工程具有极为明显的系统化、复杂性和长期性特征，这也就意味着仅仅依靠国家相关部门和高职院校的双重力量会存在一定的不足，所以还需要对市场和其他社会组织的力量加以调动，确保在高职教育专业优化过程中充分发挥社会力量，特别是多方合力的重要作用。

一方面，行业企业应当积极地向高职院校公开制定的产业发展规划，以帮助学校不断改进各类教学设备、实训仪器、课程设计和教学内容，以适应产业发展要求，同时实现用人标准与培养方向、职场环境与教学情境以及实际操作规范与考核内容之间的有效衔接和相互适应，最终带动学校课程开发能力的提高。同时，在推进项目式教学和订单培养等校企合作过程中，要将学校和企业各自的权利与义务在合同中明确规定，并全面监管权利和义务的履行情况，以保障企业的合法权益和利益。另一方面，社会中介组织要及时发布信息，信息接收对象既要涵盖国家相关部门和高职院校，又要普及到社会大众、新闻媒体，特别是要充分保障家长和学生的信息知情权，要使家长和学生对高职院校的专业建设实况形成客观认知，以提高专业选择的准确性，并为不同群体对有效信息及时、快捷和精准获取提供必要支持。

第三节　职业教育质量保障体系的教师队伍建设

"青年教师是学校师资队伍的重要力量，其专业发展水平直接影响着学校教育教学和科学研究的质量"。职业教育质量保障体系中的教师队伍建设，需要注意以下几个方面：

一、注重培养教师职业道德

（一）培养教师职业道德的原则

1. 公正性原则

公正，英文为"justice"，与公平、正义、公道有相似的属性和意义，公正来源于古希腊文"Orthos"一词，意为表示置于直线上的东西，往后就引申来表示真实的、公平的和正义的意思，在中国古代典籍中，公正是不偏私、不偏袒、正直的意思。

公正是人类社会具有永恒意义的基本价值追求和基本行为准则，教育公正是社会公正在教育领域内的扩展和延伸。教育公正有教育系统外部和内部之分，也有教育起点、教育过程、教育机会等不同视角的差异，还有教育事业整体和教师职业个体之别。作为教师职业道德基本原则的"公正"当属于教育系统内部的公正，其是教育公正的价值追求，也是在教师个体教育和教学实践层面的具体体现和客观要求。

2. 人道主义原则

在教育教学及教学管理中，教师在最基本的理论原则引导下来协调处理各种道德关系，这是教育人道主义的集中体现。对于教育者而言，要想树立并始终贯彻教育人道主义原则需要满足多方面的条件。

从教育者与受教育者之间的关系层面来看，教育者先要对受教育者在教育教学和管理过程中的主体地位有明确的认识，在此基础上要懂得尊重学生的个人权利和人格尊严，要创新教学设计以激发学生的学习积极性和创造性，要充分掌握受教育者的心理机制和思想层面的实际需要，以教育者特有的爱给予受教育者以理解、关心、严格要求和爱护，促进受教育者的身心得以健康、和谐、全面、幸福的发展，以完成教育的使命、实现教育的目标。

尊重受教育者是遵守人道主义师德原则的第一要义，人道主义的教育原则要求教育者要把受教育者放在与自己平等的地位上，给予人格尊重，而不论受教育者的出身、家境、性别、相貌、个性及成绩如何，尤其是对那些在学习和发展上遇到了挫折或困难的学生，教育者应该给予更多的关心、理解、信任和宽容。总而言之，是要把受教育者当成人，而不是当成物，给予受教育者充分的理解和尊重。

奉行人道主义教育原则，还要求教育者要研究受教育者身心发展的规律以及教育教学的科学和规律。人性地待学生、科学地待人，按照教育教学及管理的规律来从事教育教学和管理工作，不能仅靠热情和爱心，以免无意中违背教育教学及管理的规律，犯下南辕北辙适得其反的错误。

遵守人道主义教育原则还要求教育者要在自己的教育教学及管理的实践中努力践行"使人成为人"的人道追求。把人作为教育的终极目的，以人为目的，而不是以人为手段，摒弃工具性教育理念对教育的片面理解，认识"科学主义""技术主义"对教育的不良影响，视人本身为最高的价值之所在，把"使人成为人"作为教育的真义，引导和帮助学生寻找生命的意义，创造有意义的"人"的生活。

在处理和对待其他教育合作者的关系上，教育人道主义原则要求教育者要胸襟开阔、心怀宽广，秉承尊重为怀、合作为佳的宗旨，信奉敬人者人恒敬之的理念，以信任交换信任，以理解换取尊重，以宽容赢得和谐，以真诚缔造友谊，以共同达成促进学生全面发展的教育理想和目标。

需要注意的是，人道主义原则，并不仅仅是对教育者从教过程中的道德要求，还包括对教育管理者的道德要求，也包括对教育者自身的人道主义的尊重和关爱，提醒人们不要遗忘教育者自身的自我完善与发展。换言之，师德的人道主义原则关涉的是教育教学及管理过程中所有的人。人道主义的原则主要有以下依据：

第一，人道主义原则是教育本质的内在要求。在教育中高职教师恪守教育人道主义的道德原则不是那些外在的强制和人为的附加，而是教育本质内在属性的必然需求。因为，教育本身就是育人的事业，具有育人的功能，人是教育的核心和旨归。教育必须以人为中心、以人为根本、以人为目的。教育必须尊重人、理解人、关怀人，教育的全部内容都应该有利于人的成长、进步和发展，有利于人本身有尊严的生活。

第二，人道主义原则是教师合格与否的最基本衡量标准。践履教育人道主义原则就是要求教师必须具有人道主义精神，必须对学生有"仁爱"之心，这是一个教师从教的最基本的品质要求，也是一名教师合格与否的重要标志，这种最基本的同情心称之为"仁爱"之心，"公正"和"仁爱"的根源在于自然的同情，这种同情是不可否认的人类意识的事实，是人类意识的本质部分，并且不依假设、概念、训练与教育为转移。公正和仁爱构成了人类整个道德哲学的基础。自然，"公正"和"仁爱"也是教师从教的道德基础，总而言之，能否实现教育人道主义原则是教师合格与否的最基本关键。

第三，人道主义原则是受教育者成长发展的客观需要。贯彻教育人道主义原则，还是受教育者成长和发展的客观需要。一方面，学校服务的对象——受教育者，他们自身成长和发展的过程中，需要教育者充满人文关怀的尊重、理解、鼓励、支持和关爱。需要教育者按照教育和教学的规律给予规范教导、严格要求和热情帮助。另一方面，受教育者自身"成人"

的目标，需要教育者人道主义榜样的示范和人文精神的熏陶与引导。

（二）培养教师职业道德的内容

1. 教书育人道德

虽然职业教师担负着教书育人、科学和学术研究及社会服务三大职能，但教书育人仍旧是高职教师最基本的任务和职责。教师教书育人的道德包括依法执教、廉洁从教，热爱学生、诲人不倦，以身作则、为人师表，严谨治学、探寻规律四个部分的内容如下：

（1）依法执教、廉洁从教，是要求教师要有法律意识，严格遵守《中华人民共和国教师法》及有关的教育法规，在执教的过程中要自觉按照国家宪法的要求，坚持四项基本原则、遵守政治纪律以及维护国家利益，廉洁从教是要求中学教师在从教的过程中要自觉坚持教育的公益性原则，秉承教书育人的天职，高扬人民教师的旗帜，履行为民育才的本分，不做有损教师形象的事情，锤炼高尚的教师人格。

（2）热爱学生、诲人不倦，要求教师在教书育人的过程中要关心了解学生，尊重、鼓励和信任学生，严格要求、疏导和管理学生，循循善诱并耐心指导学生，自觉履行教师教书育人的职责。

（3）以身作则、为人师表，要求教师要严格要求自己，要自觉坚持高等教育的正确方向，要自觉成为学生政治思想上的引领者，高尚道德情操的示范者，良好作风的垂范者，文明礼仪的表率者。

（4）严谨治学、探寻规律，要求教师在教书育人的过程中，要树立良好的学风，要有严肃认真的治学态度，要刻苦钻研业务，一丝不苟地对待教育教学工作，还要不断改革创新，不断研究教育教学的规律，作教书育人的行家里手。

2. 学术研究道德

（1）以探求真理学术至上为原则，这一原则要求教师要始终以探索真理为自己的研究目的，而且要有持之以恒的精神和态度，把自己的生命献身于对真理的追求当中。

（2）诚信待人、求真求实，这一原则要求教师要谨遵学术的要求开展学术研究，科学严谨，有诚信，实事求是。

（3）永远保持探索之心，不断地创新，这一原则要求教师在进行学术研究时，不可以止步不前，一定要在研究当中进行创新，积极探索，要在逻辑合理的情况下提出合理的质疑，对于学术发展而言创新是其生命的动力，只有我们不断地创新，才能保证学术研究永远彰显出鲜活的生命力。

（4）互帮互助，积极发扬民主精神，这一原则要求教师一定要互帮互助，积极展开合作。在此基础上要允许不同学者之间的公平竞争，学术民主有助于不同学者之间进行更好的学术交流，有助于学术形成海纳百川的气度，有助于学术界保持学术清明。

3.社会服务道德

服务社会是高职教师将学术研究的成果转化为社会利益、社会效益的过程，学术研究的过程旨在发明创造，服务社会则是知识的转化和物化，这一转化的过程，既包括科技知识的转化过程，也包括社会思想和道德的转化过程。在这种转化和物化的过程中，教师的参与具有间接性，教师只能是知识的源头和向社会功能转化和物化过程中的一个中介和环节，这种角色职能，既包括自然科学研究领域，也包括人文科研究领域。抑或是说，教师不能替代社会的各种利益主体（国家、企业、商业团体等）利用知识来创造财富，教师只能在他发明的思想、知识、技术等精神产品与直接创造产品利益的群体之间起到中介的作用。由此可见，高职教师创造的产品是公共产品，教师的社会服务具有公益性的品质和特征，其所创造的思想、科学、文化等精神产品的社会价值和价格超越了其自身的实际价值，是无法用市场法则进行计算的。

高职教师在社会服务中应该遵循的公共伦理包含很多内容，本书列出了四种：即利益交换中的道德规范、义务履行中的道德规范、奉献取向中的道德规范以及校内职责与校外服务关系中的道德规范。

（1）利益交换当中的道德规范，对教师提出的要求是教师要始终诚实待人，遵守信用，要掌握利益和道义之间的平衡，要有正确的利益观念、道德观念，要通过合法的渠道获取经济来源。

（2）义务履行当中的道德规范，对教师提出的要求是教师要遵守法律法规，要尽到自己的义务，要承担自己的责任，对于社会上的公共利益要自觉维护。

（3）奉献取向当中的道德规范，对教师提出的要求是教师应该追求社会公共利益的实现，要为了人类社会的福祉奋斗，要维护社会的公平正义。

（4）校内职责以及校外服务关系当中的道德规范，对教师提出的要求是应该正确处理校内职责以及校外服务之间的关系，主要以校内职责为主，严格遵守学校的制度以及条例规范，要能够使用合理的方法处理社会服务可能遇到的各种冲突。

4.人际交往道德

教育是育人的事业，正确处理好人际交往之间的关系，遵守人际交往的道德，是学校教师职业道德的必修课。高职教师的人际交往包括：教师与学生之间的交往、教师间的交往以及教师与社会之间的交往。

（1）教师在和学生进行交流往来的过程当中，一定要给予学生充分的信任，站在学生的角度理解学生，要做到公平、公正的对待每一位学生。

（2）教师在和学生进行交流往来的过程当中，一定要积极融入学生集体，和学生进行平等互鉴的交流，和学生共同发展、共同进步。

（3）教师在和学生进行交流往来的过程当中，始终要铭记尊重学生是根本，诚信对待学生是方式，以此来营造文明和谐，公平公正的氛围。

二、弘扬高职教师工匠精神

在教师队伍中大力弘扬工匠精神，既是培养高素质技术技能人才的需要，也是找准教师自身发展定位的需要。在高职院校师资队伍建设过程中，应具体做到：①在理念上打破对教师职业的传统理解。从高等教育新的类型这一特征，认识高职教育教师应有的基本特征，发扬锲而不舍、精益求精的精神，努力在"能做、善研、会讲、优育"上做努力。②在定位上找准自身的发展方向。根据产业发展的需要和自身的条件，扬长避短，找准教师自身的发展目标,切实制订好个人的职业发展规划,坚定发展的信念。③在实践上鼓足勇气走出校门深入企业。以积极的心态,妥善处理好工作、生活等各方面因素,克服各种困难,大胆地走出校门,深入企业业务部门,向一线的实践专家学习,善于收集业务前沿的新情况、新技术,带着问题学习、结合问题研究,着力提高自身的业务水平和技术开发能力。

三、建立完善双师激励机制

双师型教师即高职教育教师中的特定称呼,是指"双证"教师或"双职称"教师,即"教师+中级以上技术职务(或职业资格)",如"教师+技师(会计师、律师、工程师等)"。建立完善的"双师"激励机制,是推动"双师"教师成长得内在动力。对此应具体做到:①激发教师自我发展动力。高职院校应引导教师规划好自己的职业生涯,使教师对自己的过去、现在和未来成长有正确的判断和规划意识,激发和保持教师个性发展、个人知识建构和专业发展的实效性。②建立学校激励机制。学校管理层面应对不同成功类型、不同成长阶段的教师制定不同的发展激励措施。一方面通过制定硬性措施建立外在督促机制,使教师达到规定要求;另一方面以政治待遇、心理情感和经济待遇等激励方式建立内化能动机制,提高教师参与"双师"培养的自觉性。③增强政府管理责任。国家和地方政府管理层面应制定"双师"标准、"双师"培养和"双师"待遇等相关制度;进一步扩大职业院校人事自主权,从根本上解决"双师"教师来源问题;改革专业技术职务评聘制度,制定适合高职教育特色的"双师"教师职称评审制度;落实企业实践制度,让教师能够走进企业,为教师的专业尊重和成长提供保障。

第四节 职业教育质量保障体系的可持续发展路径

职业教育的可持续发展，直接关系着经济社会的可持续发展。但长期以来，由于受传统文化、制度设计、政策执行等因素的影响，我国职业教育发展仍存在一些不足。要实现职业教育的可持续发展，需要做以下方面的思考：

一、更加注重人的可持续发展

职业教育具有鲜明的职业定向性，依托所学专业实现个体的职业生涯发展也是学生学习的诉求。但是，职业生涯发展是一个渐进、持续的过程，将所学知识内化为一种能力，也非一朝所能。职业教育的定位不能只是关注眼前就业岗位地需要，而更应着眼于人的可持续发展。

一般的应用技术通过较短时间的训练都能熟练掌握，而文化素质的提高将是一个持续渐进的积淀过程。职业教育要关注和挖掘技术、技能背后真善美的价值，促进学生"技艺道"协调发展，才能培养出具有发展后劲的高素质技术技能人才。可以将技术的"大道"总结为与技术活动相关的各种要素的和谐，即技术操作者与工具、身心活动、技术应用中人际关系、技术活动与社会以及技术活动与自然的和谐，只有寓此"大道"于教，职业教育才能培养出具备人文精神的"技术人"。在我国新常态经济战略的转型和产业调整下业态变化很大，对职业人才的素质提高十分迫切，职业教育的可持续性必须由此调整好专业、优化课程，切实做好人才供应链链和行业产业链的衔接，学生才能在学以致用的路上走得更远、更好。

二、不断完善现代职业教育体系

建立和完善现代职业教育体系是实现职业教育可持续发展的基本保证。

这一体系的基本特征是"纵向贯通""横向融通"和"外部联通",其应该是开放、多元、立体的。但从目前面临的情况看,我们还有很长的路要走。如何调整高等教育结构,满足更多学生可持续发展的需要,是提升职业教育吸引力,实现职业教育健康发展的关键。

现代职教体系的构建首先应该是准确定位各层次间职业教育的办学功能与服务面向,从高职、应用型本科专业分类开始,适时调整职业教育层次类型结构,提高职业教育整体水平。另外,职业教育与普通教育的融通也存在很多现实障碍。因此,我们应该从终身教育的高度,建立现代职业教育体系,为学生的全面而又有个性的发展提供持续的职业发展服务,从其他教育阶段开始,从小培养职业意识,加强技能教育,把职业意识、职业态度、职业能力的教育培养渗透到教育的全过程。

三、深入推进职业教育教学改革

职业教育的可持续发展可从职业学校的可持续发展、职业教育培养可持续发展的学生两个角度去分析。职业学校要根据区域产业特征与优势,结合各自办学定位,大力举办技能、技艺、技术性强的专业,坚持与其他类型、层次的职业学校错位竞争,办出特色,加快打造难以替代、需求量大的专业(群),形成市场竞争的核心竞争力。在职业学校人才培养中,同样需要按照因材施教的理念,结合学生多样化发展诉求,分类分层推进教学改革,对于有进一步升学需要、有发展潜力的学生应该着力加强文化基础教育与专业理论教育,对于希望直接就业创业的学生应该坚持文化素质教育不放松的基础上,强化实践能力培养,以适应岗位需要。总而言之,重视技能教育的同时,不能忽略文化素质教育,绝对不能让职业教育成为没有文化的教育。

四、营造良好的协同育人环境

目前,国家正加大力度规范和整治职业教育,如取消了众多设置不合理的职业资格证,其成效显著。但职业教育环境的优化是一个系统工程,任务艰巨。《国务院关于加快发展现代职业教育的决定》提出:"各级人民政府要创造平等就业环境,消除城乡、行业、身份、性别等一切影响平等就业的制度障碍和就业歧视,党政机关和企事业单位招聘人员不得歧视职业院校毕业生。"这一政策的实施必将促进公平、公正的劳动力市场的形成,为职业院校毕业生、农民工等在学历社会中处于就业不利地位的群体提供政策保障。

此外,现代产业发展为职业教育发展提供了广阔的空间,要培养大批的高素质劳动者和技术技能型人才,真正增加职业教育的吸引力,必须从根本上解决产业工人的待遇和地位问题,改变就业过于强调"学历""校历"的情况,结合当下实际情况,必须建立起工人阶层专业发展的多种通道,要不断深化收入分配制度改革,不断提高技术技能人才的收入水平,要制定技术技能人才评价、使用和激励政策,在全社会形成"崇尚一技之长,不唯学历凭能力"的氛围。

参考文献

[1] 班秀萍，叶云龙.全面质量管理与学校人才培养[M].长春：东北师范大学出版社，2016.

[2] 曾东升.新时代职业教育评价体系建设的思考与建议[J].职业技术教育，2021，42（15）：29.

[3] 查吉德.从制度和操作层面构建高等教育质量保障体系[J].番禺职业技术学院学报，2003（1）：7.

[4] 陈瑞莲.现代职业教育质量保障体系的相关研究[J].现代职业教育，2020（39）：88.

[5] 陈寿根.高职院校行政质量保障体系的研究[J].职教论坛，2010（16）：35-38.

[6] 韩玉，刘巍巍.职业教育提质培优的核心要义：大质量观视野下推进职业教育全面质量管理[J].职业技术教育，2020，41（36）：6.

[7] 江颉，饶亚娟.高职院校实践教学及质量保障体系研究[J].中国成人教育，2014（13）：105-107.

[8] 雷炜.高等教育质量保障体系研究：以浙江省为例[M].杭州：浙江工商大学出版社，2020.

[9] 李红.全面质量管理理论视角下高职院校在线教学质量保障体系构建[J].教育与职业，2020（24）：95-98.

[10] 李娉婷.新时代高等职业教育改革主要任务研究[J].辽宁科技学院学报，2022，24（2）：39.

[11] 李平，何猛.现代远程高等教育质量保障体系构成要素与运行机制研究[J].中国远程教育，2004（21）：8.

[12] 李志宏，李岩. 加强高等职业教育质量保障体系建设再思考 [J]. 中国职业技术教育，2014（3）：28-31.

[13] 刘广东. 职业教育改革背景下高职院校显性教育与隐性教育相统一研究 [J]. 产业与科技论坛，2022，21（5）：111.

[14] 刘康宁. 高等职业教育外部质量保障体系建设研究 [D]. 厦门：厦门大学，2019：153.

[15] 刘明鹏. 海南高等职业院校人才培养模式创新研究 [J]. 中国职业技术教育，2014（27）：80-83+96.

[16] 鲁靖文. 现代职业教育改革研究 [J]. 合作经济与科技，2017（23）：98.

[17] 马明，苏红卫. 浅议高等职业教育改革 [J]. 电子世界，2012（21）：162.

[18] 史楠凯. 高职院校内部质量保障体系建设研究 [J]. 教育与职业，2020（23）：44-50.

[19] 唐艳. 海南民办高职院校非物质激励机制研究 [D]. 海口：海南大学，2017：25.

[20] 田原，陶永红. 高等职业教育质量保障现状及对策分析 [J]. 辽宁高职学报，2022，24（3）：12.

[21] 王春娜，霍新怀. 高等职业教育教学质量保障体系的目的 [J]. 中国科教创新导刊，2013（5）：13.

[22] 王鹤. 工匠精神融入职业院校人才培养的实现路径 [J]. 职业技术教育，2018，39（29）：68-71.

[23] 王慧. 浅谈职业教育改革 [J]. 西部大开发（中旬刊），2012（5）：86.

[24] 夏伟，肖坤，刘金玉. 智能制造背景下的职业教育改革 [J]. 顺德职业技术学院学报，2021，19（1）：1.

[25] 向松林. 智能制造背景下的职业教育改革 [J]. 才智，2022（31）：170.

[26] 谢光明，刘海龙.关于海南职业教育发展的几点思考[J].岁月（下半月），2011(3)：94.

[27] 徐嘉.谈职业教育改革[J].辽宁师专学报(社会科学版),2014(2)：102.

[28] 徐坚.成果导向教育对建设我国高职院校质量保障体系的启示[J].职教论坛，2017(18)：11-18.

[29] 徐伟.职业院校人才培养适应性理论研究[J].职教论坛,2010(25)：76-79.

[30] 阳小勇，覃晓辉.校企"双主体"人才培养模式的思考——以海南职业教育发展为例[J].教育教学论坛，2014(2)：213.

[31] 姚新文，郑宇芳.职业教育改革创新实施策略探析[J].黑龙江科学，2021，12(7)：156.

[32] 於文刚.高等职业教育改革背景下校企合作的现实需求与实践路径[J].吉林省教育学院学报，2022，38(4)：62.

[33] 袁春竹，廖敬.高等职业教育适应地区经济发展的对策研究[J].财经界，2015(20)：22.

[34] 张莹.新时期高校教育管理创新研究[J].科技资讯,2021,19(21)：133.

[35] 周晨.基于成果导向的高职院校思想政治理论课教学质量保障体系构建[J].职业技术教育，2021，42(11)：68-71.